AF202723

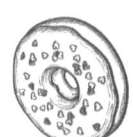

Bibliografische Information der Deutschen Nationalbibliothek
Die Deutsche Nationalbibliothek verzeichnet diese Publikation
in der Deutschen Nationalbibliografie;
detaillierte bibliografische Daten sind im Internet über
http://dnb.d-nb.de abrufbar.

Du möchtest noch
mehr von uns
kennenlernen?

MIX
Papier | Fördert
gute Waldnutzung
FSC
www.fsc.org **FSC® C014496**

© 2023 arsEdition GmbH, Friedrichstraße 9, D – 80801 München
Alle Rechte vorbehalten
Text: Mareike Allnoch
Mareike Allnoch wird vertreten von Agentur Brauer
Bildmaterial: Nata_Alhontess/shutterstock.com
Covergestaltung: Frauke Schneider
Lektorat: Stephanie Janek

ISBN 978-3-8458-4833-4

www.arsedition.de

Mareike Allnoch

Das Geheimnis der
Schoko
Magie

arsEdition

Für Etta
Weil du die beste Freundin bist, die man sich
wünschen kann!

»Bei der Kakaobohne zauberhaftem Duft
liegt ein Hauch von Zukunft in der Luft.«

Gaston Dupont, Duftseher und Mitglied
des Chocolatiers-Zirkels

Prolog

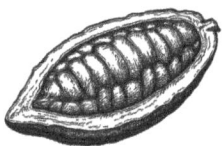

»Es war einmal ein junges Mädchen mit einem besonders ausgeprägten Geruchssinn«, begann meine Oma zu erzählen, während ich mich in die Bettdecke kuschelte und mit leuchtenden
Augen zuhörte.

Meine Oma strich mir liebevoll durchs Haar und ich gluckste
vergnügt. Ich drückte meine Plüschgiraffe noch ein wenig fester
an mich und wartete gespannt darauf, dass Oma weitererzählte.

»Schon als kleines Kind hatte Leni Düfte geliebt. Oftmals war
sie stundenlang durch Wälder und Wiesen gestreift und hatte
an Blüten und Früchten geschnuppert. Jeder Duft erzählte für
sie eine andere Geschichte und hatte einen ungemeinen Reiz.
Sie liebte den intensiv erdigen Geruch nach einem warmen
Sommerregen oder die süßen Duftnoten von Erdbeeren.«

»Wie du, Oma. Du liebst auch den Geruch von Erdbeeren,
oder?«, redete ich dazwischen, woraufhin die Mundwinkel meiner Oma amüsiert zuckten. Sie nickte, dann fuhr sie mit ihrer
Gutenachtgeschichte fort.

»Besonders der Geruch von Kakao übte geradezu eine magische Wirkung auf das Mädchen aus. Wann immer sie den
aromatischen Duft – sei es in Form von purem Kakao oder in
Verbindung mit Schokolade – wahrnahm und die damit ein-

hergehenden Nebenaromen, die von nussig über blumig bis fruchtig reichten, in der Nase verspürte, schwebten zig bunte Bilder vor ihren Augen auf und ab. Als befände sie sich in einem Traum und der Kakao wollte ihr eine Geschichte erzählen. Erst später fand Leni heraus, dass es sich bei den Bildern um Visionen handelte und dass sie imstande war, einen Blick in die Zukunft zu werfen.«

»War das etwa ein Zauberkakao?«, fragte ich neugierig.

Meine Oma lächelte geheimnisvoll. »Ja, man könnte ihn in der Tat so bezeichnen.«

Sie machte eine kurze Pause und strich meine Bettdecke glatt. »Doch nicht jeder konnte die Magie des Zauberkakaos erkennen, über diese Gabe verfügten nur sehr wenige Menschen. Als Leni zu einer jungen Frau herangewachsen war, traf sie in Paris, der Stadt der Liebe, auf einen Mann, der ähnlich wie sie eine äußerst feine Nase besaß. Gemeinsam waren sie dem Rätsel des Zauberkakaos auf der Spur und gründeten einen geheimen Orden. Sobald sie etwas Neues über den Zauberkakao in Erfahrung gebracht hatten, schrieben sie ihre Entdeckungen in einem Notizbuch nieder.«

Ich dachte über Omas Worte nach. »Mussten die beiden den Zauberkakao verstecken, weil er sonst geklaut worden wäre?«

Meine Oma sah gedankenverloren aus dem Fenster. Die Nacht hatte sich bereits davorgelegt. An diesem Abend war weder der Mond noch ein einziger Stern am Himmel auszumachen.

»Ja, es gab auch andere Menschen, die die Magie des Zauberkakaos für sich in Anspruch nehmen wollten. Aber nicht jeder hatte damit Gutes im Sinn. Magie hat immer eine gute und eine schlechte Seite. Weißt du, mein Schatz, besonders zu sein, ist ein Segen. Doch es birgt auch viel Verantwortung, etwas Kostbares zu schützen und wie einen wertvollen Schatz zu hüten.«

»Wie ging es dann weiter mit dem Zauberkakao?«

Meine Oma lächelte nur zaghaft.

»Das erzähle ich dir vielleicht ein anderes Mal. Jetzt wird erst mal geschlafen, es ist schon spät.«

Sie deckte mich zu und gab mir einen Kuss auf die Wange.

»*Bonne nuit*, Mila. Schlaf gut.«

Und ich glitt sanft in einen Traum, in dem ich von zauberhaftem Kakao und magischer Schokolade eingehüllt wurde.

KAPITEL 1

Aussicht: schokoladig bis nebelig

9 Jahre später …

»*Votre attention, s'il vous plaît*«, drang die Stimme meiner Französischlehrerin Madame Delacroix an mein Ohr. Meine beste Freundin Liz und ich hatten sie auf den Spitznamen Krähe getauft, da ihre Stimme mindestens genauso krächzig war. Davon abgesehen war Madame Delacroix jedoch völlig harmlos und hatte noch dazu die Güte einer Nonne.

Ich beobachtete Liz dabei, wie sie ihre Seite des Tisches in ihr persönliches Nagelstudio umfunktionierte. Das Federmäppchen hatte sie so hingestellt, dass es gut als Sichtschutz diente und die Krähe somit nicht sah, wie sich Liz ihre Fingernägel in einem schimmernden Blauton lackierte – passend zu ihrer neuen Haarfarbe.

Ich unterdrückte mühsam ein Grinsen.

Auch Liz' Outfit war heute wieder der Oberknaller. Sie trug ein rosafarbenes Tutu, kombiniert mit einem breiten Gürtel und einer schwarzen Lederjacke darüber. Doch was ich an ihrem eigenwilligen Stil besonders cool fand: Liz schneiderte ihre Kleidungsstücke fast alle selbst. Ich hingegen war nicht mal in der Lage, einen Knopf anzunähen.

Liz hatte schon immer wenig auf Regeln oder die Meinung anderer gegeben, dafür besaß sie ein Herz aus Gold und war immer zur Stelle, wenn ich sie brauchte.

Als sie meinen Seitenblick bemerkte, grinste sie mich breit an und ich lächelte zurück.

Während die Krähe vorne am Lehrerpult redete und redete und offensichtlich nicht mitbekam, dass ihr niemand so richtig zuhörte, schweiften meine Gedanken ab.

Heute war der letzte Schultag vor den Sommerferien und am morgigen Samstag würde es für den Großteil meiner Klasse im Zuge eines vierwöchigen Schüleraustauschs nach Paris gehen. Paris! Schon seit Wochen fieberten Liz und ich dieser Reise entgegen. Der Austausch fand jährlich für die achte Klasse mit der Privatschule Saint-Clément in Paris statt. Wie ich mal erfahren hatte, war unsere Direktorin Frau Pumpernickel gut mit der Schulleitung der Saint-Clément befreundet (andernfalls hätte unser stinknormales Schiller-Gymnasium sicherlich niemals einen Austausch mit so einer renommierten Privatschule organisiert bekommen!).

In Frankreich ging das Schuljahr noch länger, sodass wir unsere französischen Gastpartner an manchen Tagen auch in den Unterricht begleiten würden.

Ob die Schüler da alle piekfein waren?

Dabei wirkte meine Gastschwester Lou wirklich total nett. Wir hatten vorab schon ein paarmal über WhatsApp hin- und hergeschrieben.

Ich malte mir in schillernden Farben aus, was ich alles Tolles mit ihr unternehmen würde. Ich sah mich bereits auf dem Eiffelturm stehen, durch die Gassen des Künstlerviertels Montmartre flanieren und auf den berühmt-berüchtigten Champs-Élysées entlang der teuren Läden spazieren. Hach …

Ich stutzte, als mir auf einmal ein intensiver Duft in die Nase stieg. Erst war es nur der Geruch von Max' Wurstbrot drei Plätze weiter, der sich mit dem strengen Aroma von Liz' Nagellack vermischte. Doch kurz darauf kam ein weiterer dazu. Er war aromatisch, leicht bitter und mir nur allzu vertraut.

Ich sah, wie meine Mitschülerin Fenja in der Reihe vor mir eine Tafel Schokolade auspackte und vorsichtig – ohne dass die Krähe Notiz davon nahm – hineinbiss.

Vor meinem inneren Auge bildeten sich sanft flackernde Nebelschleier. Sie wurden immer größer, formten sich zu einer Art Wolke, in der Bilder wie ein Kinofilm flimmerten.

O Gott, was ging hier vor sich? Was war das für eine seltsame Wolke? Meine Gedanken überschlugen sich, und Panik stieg in mir auf.

Ein Bürgersteig schob sich in dem Duftnebel des Kakaos in mein Sichtfeld. Jemand rannte in Sneakers über den Asphalt. Eine Taube flog durch das Bild. Und im nächsten Moment schiss der Vogel mir auf den Kopf.

»Geh weg! Du sollst weggehen!«

Ich versuchte, die Bilder energisch zu verscheuchen und den Geruch von Kakao aus meiner Nase zu verdrängen.

»Verdammt, ich will das nicht sehen!«

Und dann, urplötzlich, waren der duftende Kakaonebel und die Bilder wieder verschwunden, und ich kehrte ins Hier und Jetzt zurück.

Schlagartig wurde mir bewusst, dass ich diese Worte nicht nur gedacht, sondern vor versammelter Klasse laut ausgesprochen hatte.

Es war mucksmäuschenstill im Raum, selbst Madame Delacroix war an ihrem Lehrerpult verstummt. Sogar eine Stecknadel hätte man fallen hören können.

Alle Augen waren auf mich gerichtet. Manchmal hatte es auch seinen Nachteil, in der letzten Reihe zu sitzen.

Ich schluckte, meine Hände wurden schwitzig. Während ich darüber grübelte, was gerade mit mir passiert war, musterte meine Französischlehrerin mich mit ihrem Krähenblick.

»Warum soll ich denn weggehen?«, fragte Madame Delacroix verständnislos. »Das ist aber nicht sehr nett, Mila.«

Ich sackte noch ein wenig mehr auf meinem Stuhl zusammen. Erdboden, tu dich auf und verschling mich! Auf der Stelle! Leider hatte das Schicksal kein Erbarmen mit mir.

Meine Wangen wurden heiß und ich spürte, wie mir die Röte ins Gesicht stieg.

»Ich, ähm …«, stammelte ich und wusste nicht, was ich sagen sollte.

»Mila meinte nur, dass die Hitze verschwinden soll«, ging Liz schnell dazwischen und fächerte sich übertrieben Luft zu. »Puh, finden Sie nicht auch, es ist ganz schön stickig hier drinnen?«

Die Krähe sah irritiert nach draußen. Ein paar Wattewölkchen standen am Himmel. Es waren heute höchstens dreiundzwanzig Grad.

Meine Lehrerin ließ ihren Blick wieder zu Liz und mir schweifen. »Merkwürdig, mir kommt es heute gar nicht so unerträglich warm vor … Aber Mila, du siehst tatsächlich sehr hitzig aus. Hast du Fieber? Geht es dir nicht gut, ma chérie?«

Sie kam einen Schritt näher und beäugte mich, als wäre ich krank. Und genauso fühlte ich mich auch.

Einige meiner Mitschüler begannen zu kichern.

Liz drückte unterm Tisch mitfühlend meine Hand.

»Nein, alles bestens. Ich, ich … habe bloß laut gedacht, entschuldigen Sie bitte, Krä-, ähm … Madame Delacroix«, korrigierte ich mich in letzter Sekunde. »Es wird nicht wieder vorkommen.«

Mein Gesicht brannte mittlerweile wie Feuer.

»Brauchst du etwa so dringend Aufmerksamkeit, Mila?«, ätzte meine gehässige Mitschülerin Charlotte vorne in der ersten Reihe. Dann wandte sie sich ihrer besten Freundin Tami zu und sagte so laut, dass es jeder im Klassenraum hören konnte: »Die hat doch einen Vogel.«

Obwohl sich die Jungs aus meiner Klasse bisher noch zurückgehalten hatten, grölten nun ein paar von ihnen. Blöde Affen! Max hätte ich sein stinkendes Wurstbrot am liebsten ins Gesicht geschmiert.

»An deiner Stelle würde ich mich nicht so weit aus dem Fenster lehnen, Charlotte. Wenn hier einer einen Vogel hat, dann bist das ja wohl du mit deinem Spatzenhirn«, brauste Liz auf, während ich mittlerweile darin geübt war, Charlottes Gemeinheiten zu ignorieren. Auch wenn sie mich insgeheim verletzten. Um genau zu sein, hatte ich einfach nicht den Mut, mich ihr zu widersetzen.

Ich wusste es daher zu schätzen, dass Liz für mich Partei ergriff, doch leider machte sie damit alles nur noch schlimmer.

Charlotte drehte sich ruckartig zu Liz um. »Wie hast du mich gerade bezeichnet, du Schlumpf? Leg du dir erst mal eine richtige Frisur zu!«

Die Krähe sah vollkommen überfordert zwischen Liz und Charlotte hin und her, ihr Blick schnellte von rechts nach links wie ein Pingpongball.

»Kinder, Kinder, *arrêtez!* Nun ist es aber genug! Solche Ausdrücke will ich in meinem Unterricht nicht hören! Schluss jetzt!«

Liz grummelte vor sich hin. Ich sah ihr an, dass ihr noch ein paar unschöne Bemerkungen auf der Zunge lagen, doch sie hielt sich zurück.

Charlotte warf uns beiden einen letzten bitterbösen Blick zu, bevor sie sich wieder nach vorne wandte.

Mein einziger Lichtblick: Weder Charlotte noch Tami würden am Schüleraustausch teilnehmen – vier Wochen Ruhe vor diesen Biestern!

Den Rest der Stunde verbrachte ich damit, mich unsichtbar zu machen.

KAPITEL 2

Ich bin nicht verrückt, das sind nur Special Effects!

Ich war erleichtert, als es endlich klingelte, und stürmte aus der Klasse. Bloß weg von hier!

Liz lief mir hinterher. »Mila, warte!«

Doch ich drosselte mein Tempo erst, nachdem ich genügend Abstand zwischen mich und die Schule gebracht hatte.

Als Liz zu mir aufgeschlossen hatte, hakte sie sich bei mir unter und strich sich eine blaue Haarsträhne hinters Ohr.

Meine beste Freundin wechselte ihr Aussehen so häufig wie manche Leute ihre Socken. Letzte Woche hatte Liz' von Natur aus straßenköterblondes Haar noch in einem auffälligen Giftgrün geleuchtet. Da konnte ich mit meiner braunen Mähne nicht mithalten. Ich hatte meine Haare, wie so oft, zu einem unscheinbaren Zopf gebunden. Das einzig Auffällige an mir waren meine verschiedenfarbigen Sneakers, die ich immer wieder unterschiedlich miteinander kombinierte. Heute hatte ich mich für einen lilafarbenen und einen blauen Schuh entschieden.

Ich blieb abrupt stehen. »Liz, ich … ich glaube, ich hatte eben meine erste Vision«, stammelte ich und konnte es noch immer nicht fassen.

»Nein!«

»Doch!«

»Ooooh!«

Ich kam mir vor wie in einem dieser alten Schwarz-Weiß-Schinken mit Louis de Funès, die immer pünktlich zu Silvester über unseren alten Fernseher flimmerten. Mit dem winzigen Unterschied, dass ich dieser Situation gerade absolut keine Komik abgewinnen konnte. Liz starrte mich völlig entgeistert an, als wäre ich ein Alien mit nur einem einzigen großen Glubschauge. Ihr Griff um meinen Arm wurde fester. »Das heißt, ich bin soeben Zeugin deiner allerersten Kakaovision geworden?«

»Du und etwa zwanzig weitere unserer Mitschüler. Die Krähe nicht zu vergessen«, zählte ich trocken auf. Vermutlich konnte ich mich nie wieder in der Schule blicken lassen, ohne einen dummen Kommentar von Charlotte zu kassieren.

Ich hatte gewusst, dass dieser Tag kommen würde. Und dennoch war ich nicht bereit dafür. Absolut nicht. Abermals spürte ich die aufsteigende Panik, die mich wie ein grollender Zug zu überrollen drohte.

Liz schnappte so heftig nach Luft, dass ich Sorge hatte, sie könnte gleich in Ohnmacht fallen.

»O mein Gott!«, kreischte sie theatralisch. »Dann hatte deine Oma also recht. Das ist so cool, Mila! Welcher Teenager kann schon von sich behaupten, dass er durch den Duft von Kakao in die Zukunft blicken kann? Was hast du gesehen?«

Schon vor Wochen hatte Liz mir zu meinem vierzehnten Geburtstag ein Notizbüchlein geschenkt. (Liz bezeichnete es als »Duftdiarium«, da sie den Begriff »Tagebuch« nicht geheimnisvoll genug fand.) Sie sagte, wir müssten für alles gewappnet sein, schließlich konnte man nie wissen, wann sich meine Gabe zeigen würde. Zudem glaubte Liz, dass es hilfreich sein könnte, meine magischen Kakaoerlebnisse aufzuschreiben, um meine Gabe näher zu erforschen.

Tja, und nun war der Tag gekommen. Der Tag, an dem ich offiziell für irre erklärt werden würde. Wunderbar. Ich konnte mir nichts Schöneres vorstellen.

»Ich habe eine Taube gesehen, die mir auf den Kopf scheißt«, beantwortete ich Liz' Frage mit Grabesmiene.

Ihre Mundwinkel begannen zu zucken. Sie versuchte erst, sich zurückzuhalten, dann war es mit ihrer Selbstbeherrschung jedoch vorbei. Sie prustete los.

Wenn überhaupt möglich, wurde meine Laune noch eine Spur schlechter.

»Haha, sehr witzig«, sagte ich und Liz beruhigte sich langsam wieder.

Eine Weile liefen wir schweigend nebeneinanderher.

»Liz, ich bin ein Freak, ein verdammter Freak!« Ich zog eine unglückliche Schnute.

Ich hatte noch nie unbedingt zu den coolen Leuten an meiner Schule gezählt, und das war auch okay für mich. Aber von einem schüchternen Mauerblümchen zu einer durchgeknallten Irren herabgestuft zu werden, war selbst für mich ein gewaltiger Abstieg. Auf der Beliebtheitsskala konnte ich mich zukünftig wahrscheinlich bei den seltsamen Nerds aus der Wissenschafts- und Forschungs-AG einreihen, die untersuchten, ob sie mit einer umgebauten Waschmaschinentrommel durch die Zeit reisen konnten. Ich meine, viel verrückter als Kakaowolken, die einem Schnipsel aus der Zukunft zeigten, war das auch nicht.

Gott, wie gerne wäre ich einfach wieder ein unscheinbares Mauerblümchen!

»Mila, jetzt mal ehrlich. Ich finde deine Gabe unglaublich. Vielleicht braucht das Ganze einfach eine Weile. Talente müssen sich entfalten. Deine Gabe könnte uns so viel nutzen.«

Ich sah Liz fest in die Augen. »Ach ja, und was?«

Liz legte den Kopf schief, als müsste sie überlegen. Und sie überlegte eindeutig eine Spur zu lange.

Doch plötzlich erhellte sich ihr Gesicht.

»Stell dir mal vor, du könntest das Thema unserer nächsten Klassenarbeit vorhersehen, das wäre doch total cool!«

»Liz, ich habe eine scheißende Taube in einer Kakaowolke gesehen. Das ist von cool ziemlich weit entfernt. Findest du nicht?«

»Ach, das ist bestimmt reine Übungssache, und bald kannst du die Bilder steuern«, überging Liz schlichtweg meinen Einwand.

Sie lächelte vor sich hin.

»Weißt du, Mila, ich hab das im Gefühl. Dass da noch was Großes auf dich zukommen wird. Eines Tages wirst du Weltbewegendes leisten und bedeutsame Dinge vorhersagen«, prophezeite mir meine beste Freundin mit felsenfester Überzeugung.

Ich nickte. »Sicher, und der Nobelpreis winkt mir auch schon an der nächsten Ecke.« Purer Sarkasmus schwang in meiner Stimme mit. »Wenn man es genau nimmt, dann hat die Menschheit eigentlich nur auf jemanden wie mich gewartet. Genauer gesagt, auf Mila Kornblum, die den Menschen vorhersagen kann, wann ihnen das nächste Mal ein Vogel auf den Kopf kackt.«

Liz grinste mich an. »Habe ich dir eigentlich schon mal gesagt, wie abgöttisch ich deinen trockenen Humor liebe?«

Damit entlockte Liz selbst mir an diesem Tag ein winziges Lächeln.

Mittlerweile hatten wir die Kreuzung erreicht, an der sich unsere Wege vorerst trennten.

Liz drückte mich an sich. »Ich würde gerne noch weiter mit dir quatschen, aber meine Mutter flippt aus, wenn ich zu spät zum Mittagessen komme. Du weißt ja, wie sie ist.«

Vielsagend verdrehte Liz die Augen.

»Apropos ausflippen«, nahm ich den Faden auf. »Was hat deine Mutter eigentlich zu der neuen Haarfarbe gesagt?«

»Elisabeth Hagelstein, SO kannst du doch nicht zur Schule gehen! Was sollen denn bloß die Leute denken?«, ahmte Liz, die nur von ihren Eltern mit ihrem vollen Namen Elisabeth angesprochen wurde, ihre Mutter täuschend echt nach. Sie zuckte mit den Schultern. »Den Satz musste ich mir auch schon bei den letzten zwanzig Haarfärbungen anhören. Sie wird sich nie damit abfinden können, dass ich nicht ihr kleiner perfekter Engel bin. Na ja, was soll's.«

Meine beste Freundin tat möglichst unbekümmert, doch ich kannte Liz gut genug, um zu wissen, dass das Thema sie bedrückte.

Sie ließ sich davon jedoch nichts anmerken, sondern verpasste mir zum Abschied überschwänglich einen Schmatzer auf die Wange.

»Wir sehen uns morgen. Das wird mega! Denk nur an die vielen süßen Franzosen! Und ruf mich an, wenn sich ein Kakaovorfall der ganz besonderen Art ereignet! Ich will alles wissen!« Liz wackelte bedeutungsvoll mit den Augenbrauen und ich musste lachen.

Wir winkten einander zu, dann bog Liz nach links ab, während ich der Straße nach rechts folgte.

KAPITEL 3

Achtung, Tiefflieger unterwegs!

Den restlichen Heimweg über sah ich mich die ganze Zeit panisch in alle Richtungen um, in der Erwartung, dass mir jeden Augenblick eine Taube auflauerte und auf den Kopf schiss, genau so, wie es mir der Kakao prophezeit hatte. Es war zum Verrücktwerden! Irgendwann drehte ich tatsächlich noch durch.

Ich dachte an Oma. Sie wäre die Einzige gewesen, die etwas Licht ins Dunkel hätte bringen und mir sagen können, was es mit diesem ganzen Kakao-Wahrsager-Quatsch auf sich hatte. Zwei Jahre war es mittlerweile her, dass sie verstorben war. Und alles, was sie mir mit auf den Weg gegeben hatte, waren ein geheimnisvoller Ring und ein Rätsel, das allein zu lösen ich nicht imstande war.

Ich erinnerte mich so genau an den Tag, als wäre er erst gestern gewesen. Bei dem Gedanken daran, wie Oma geschwächt und blass in ihrem Bett gelegen hatte, zog sich mein Herz schmerzhaft zusammen. Sie hatte sich bis zum letzten Atemzug vehement dagegen gewehrt, in ein Krankenhaus zu gehen, und darum gebeten, im trauten Kreis der Familie sterben zu dürfen. Die Ärzte hatten ihr mitgeteilt, dass sie den Krebs nicht besiegen konnte, da er schon zu weit fortgeschritten war.

Obwohl es sonst immer meine Oma gewesen war, die mir als kleines Kind Geschichten zum Einschlafen erzählt hatte, war diesmal ich diejenige, die an ihrem Bett hockte.

Mit Tränen in den Augen las ich stockend die Sätze aus dem Buch auf meinem Schoß, während die Buchstaben vor meinen Augen langsam verschwammen.

Ich kuschelte mich eng an Ma, die mir beruhigend über den Kopf streichelte. Nur Tante Claudi (eigentlich hieß sie Claudia) konnte nicht bei uns sein, um sich zu verabschieden, da sie ausgerechnet an jenem Tag auf einem Flughafen in Spanien festsaß. (Sie hatte zuvor drei Wochen abgeschottet im Kloster in einem Bergdorf verbracht und dort an einem Klangschalenkurs teilgenommen. Danach war sie ein völlig anderer Mensch, sagte sie. Ich würde behaupten, sie war genauso verrückt wie immer, wenn nicht sogar noch ein bisschen schräger.)

Schließlich drückte Oma mir einen kleinen, kühlen Gegenstand in die Hand und schloss meine Finger zu einer Faust.

»Mila«, krächzte sie schwach, ihre Stimme war nur noch ein Schatten ihrer selbst. Doch Oma kämpfte mit aller Macht dagegen an, so als wären die nächsten Worte, die sie mir zuflüsterte, von allergrößter Bedeutung.

»Hör mir jetzt gut zu, meine Kleine.« Oma sprach angestrengt. Vielleicht ahnte sie, dass ihr nicht mehr viel Zeit blieb.

Ich erhob mich von meinem Stuhl und beugte mich über sie, damit ich sie besser verstand.

»Es gibt etwas, das du nicht weißt. Du bist besonders, *ma chérie*. Du bist eine Duftseherin. An deinem vierzehnten Geburtstag wird sich deine Gabe entfalten und du wirst im Laufe der Zeit dazu fähig sein, bei dem Geruch von Kakao in die Zukunft zu blicken. Lass dich von den bunten Bildern nicht verunsichern, es sind Visionen. Vertraue auf deine Sinne und lass dich von der Magie der Kakaobohne leiten, sie wird dir den Weg weisen. Trag den Ring immer nah an deinem Herzen«, hauchte Oma, bevor sie endgültig die Augen schloss.

»Aber Oma, was soll das bedeuten?«, fragte ich, doch ich erhielt keine Antwort mehr.

Eine Träne rollte langsam meine Wange herab. Ma deckte Oma mit feuchten Augen bis zum Kinn zu und gab ihr einen letzten Kuss auf die Stirn.

»Träum schön«, sagte sie mit belegter Stimme.

Als ich meine Hand öffnete, lag eine silberne Kette darin, an der ein Siegelring hing. In den Ring war eine Kakaobohne eingraviert.

Noch einmal sah ich zu Oma. Sie lag so friedlich da, dass ich mir einbildete, sie würde nur schlafen und jeden Moment zu uns zurückkehren. Ein sanftes Lächeln umspielte ihre Lippen.

Während Ma mich fest in den Arm nahm und mit sich aus dem Zimmer zog, war das Letzte, das ich wahrnahm, der Geruch von Kakao in meiner Nase.

Vertraue auf deine Sinne und lass dich von der Magie der Kakaobohne leiten, sie wird dir den Weg weisen, hallten Omas Worte in meinem Kopf nach und ich überlegte, was Oma damit gemeint haben könnte. Zurzeit hatte ich den Eindruck, dass mich diese Magie an der Nase herumführte.

Das Haus am Stadtrand von München, in dem Ma und ich in einer Mietwohnung lebten, trat langsam in mein Sichtfeld. Ich passierte das Gartentor und erschrak, denn eine Taube saß unmittelbar vor mir auf den Pflastersteinen. Sollte sich diese dämliche Kakaoprophezeiung etwa doch bewahrheiten?

»Hau ab, du blödes Vieh«, zischte ich erbost und wedelte mit den Händen, um die Taube zu verscheuchen. Die legte jedoch lediglich den Kopf schief und sah mich an, als hätte ich nicht mehr alle Tassen im Schrank. So langsam begann auch ich mich zu fragen, wer von uns beiden einen Vogel hatte. Und die doofe Taube dachte gar nicht daran, ihr Revier zu räumen.

Frau Goldmann, die Nachbarin zu unserer rechten Seite, stand im Garten und pflanzte ein paar neue Blumensetzlinge ein. Als sie mein seltsames Rumgehampel mit den Armen bemerkte, runzelte sie verwundert die Stirn.

Ich setzte ein betont freundliches Lächeln auf und winkte unserer Nachbarin zu. »Hallo, Frau Goldmann!«

Frau Goldmann winkte jedoch nur bedingt euphorisch zurück und hatte es auf einmal sehr eilig, zurück ins Haus zu kommen.

Ich nahm wieder die Taube vor mir ins Visier und machte einen großen Bogen um sie. Um den Vogel jedoch nicht aus den Augen zu lassen, marschierte ich im Rückwärtsgang auf die Haustür zu.

»So, du blöder Vogel, du kannst heute wen anders anscheißen, aber nicht mich«, triumphierte ich, da ich bereits die erste Treppenstufe erreicht hatte, als plötzlich etwas Warmes, Weiß-Braunes meinen Arm hinunterlief.

O nein!

Wie in Zeitlupe blickte ich in die Baumkrone der alten Eiche über mir, auf deren Ast eine dicke Krähe hockte und hämisch krächzte.

Was für ein Scheißtag!

Kapitel 4

Wenn ich schon einen an der Waffel habe, dann wenigstens mit ordentlich Puderzucker drauf!

Schlecht gelaunt polterte ich die Treppenstufen zu unserer Wohnung in der dritten Etage hoch. Währenddessen schickte ich Liz eine kurze WhatsApp-Nachricht.

Ich: »*Du glaubst nicht, was mir passiert ist … Mir hat tatsächlich ein Vogel auf den Arm geschissen!*«

Meine beste Freundin antwortete binnen drei Sekunden.

Liz: »*Nein, wie krass ist das denn?!*«

Meine Finger verharrten über der Smartphone-Tastatur, doch Liz war schneller mit Tippen als ich.

Liz: »*Mila, ich lass dich mit deiner Gabe nicht allein, wir schaffen das. Und dem blöden Vogel sage ich hiermit offen den Kampf an! Das versucht der nicht noch einmal!*«

Ich musste grinsen, vor allem als Liz noch dieses lächelnde Emoji hinterherschickte, bei dem ich mich immer fragte, ob es zufrieden oder leicht angepisst war.

Im Türrahmen stieß ich fast mit Mamas Schwester, Tante Claudi, zusammen. Sie war meiner Mutter wie aus dem Gesicht geschnitten, mal davon abgesehen, dass Ma dunkle glatte Haare hatte (wie ich!) und Tante Claudi kleine Korkenzieherlocken, die wie drahtige Pinsel von ihrem Kopf abstanden. (Die Frisur hatte durchaus Ähnlichkeit mit der eines Wollschweins.)

Claudi arbeitete in einem kleinen Antiquariat in der Stadt. Dabei hatte ich mir unter einem Antiquar eigentlich immer einen etwas verschrobenen, kauzigen Professor vorgestellt, mit Nickelbrille, die die eigenen Augen wie zusammengekniffene Schweinsäuglein wirken ließ. Wobei verschroben und kauzig durchaus zwei Eigenschaften waren, die auch auf meine Tante zutrafen.

Claudi hatte schon immer eine Vorliebe für – sagen wir mal – *Außergewöhnliches* gehabt. (Das erklärte vermutlich auch den scheußlichen, selbst gestrickten Blümchenrock, den sie heute trug.)

»Mila, wie schön, dich zu sehen. Was ist denn los? Du ziehst ja ein Gesicht wie sieben Tage Regenwetter.«

Ich kam nicht dazu, Claudis Redeschwall zu unterbrechen, da sie mit einem Mal erstaunt meinen Arm musterte.

»Was ist das denn?«, fragte sie und rümpfte die Nase.

Da ich keinen Nerv hatte, jetzt noch muntere Konversation zu betreiben, und ich gerade vermutlich nicht die angenehmste Gesprächspartnerin war, schlüpfte ich mit einem kurz angebundenen »Hallo, Claudi« an ihr vorbei in die Wohnung.

»Bin zu Hause«, rief ich meiner Mutter zu, die ich in der Küche vermutete, schmiss meine Schultasche in mein Zimmer und stellte mich erst einmal unter die Dusche.

Das heiße Wasser prasselte auf meine Haut und spülte nicht nur den Dreck, sondern langsam auch die trüben Gedanken fort. Nach der Dusche fühlte ich mich auf jeden Fall viel besser.

In meinen flauschigen Bademantel gewickelt, tapste ich hinüber in die Küche. Meine Mutter summte gut gelaunt ein Lied aus dem Radio vor sich hin. Der Duft, der durch die Küche waberte, ließ mir augenblicklich das Wasser im Mund zusammenlaufen.

»Sind das etwa frische Waffeln?«, fragte ich und merkte, wie neue Lebensgeister durch mich hindurchströmten.

Ich ließ mich auf einen der schon leicht abgewetzten Küchenstühle plumpsen, während mein Blick an dem wunderschönen Blumenstrauß in der Tischmitte hängen blieb. Die bunten Gerbera sahen toll aus. Ma hatte wirklich ein Auge für Dekoration. Leider begann es in meiner Nase schon wieder verdächtig zu kribbeln. Blöde Pollenallergie!

»Hallo, mein Schatz«, begrüßte meine Mutter mich mit einem Lächeln und stellte einen Teller mit dem unwiderstehlich süßen Gebäck vor mich hin.

»Du bist einfach die Beste, Ma!« Ich biss herzhaft in die Waffel hinein. Gleich darauf legte sich mir ein feiner, buttriger Geschmack auf die Zunge und ich seufzte wohlig auf.

»Soll ich uns noch einen heißen Kakao zu den Waffeln machen?«, schlug Ma vor.

Energisch schüttelte ich den Kopf. »Tee wäre mir heute lieber.«

Ma hob überrascht die Augenbrauen, sagte jedoch nichts. Kurz darauf stellte sie jedem von uns eine heiße Tasse Früchtetee hin.

Normalerweise gab es immer Kakao bei uns. Ich liebte den intensiv schokoladigen Duft. Er erinnerte mich an zu Hause und verlieh dieses magische Wohlfühl-Feeling, das nur ein Kakao bei mir auslösen konnte. Doch an diesem Tag versetzte mich allein der Gedanke an die aromatischen, leicht bitteren Duftnoten eher in Panik, als dass sie irgendwelche Glücksgefühle bei mir auslösten. Die Sache mit der Krähe hatte mir gereicht. Und daher beschloss ich: Solange ich das Duftsehen, wie Oma es bezeichnet hatte, nicht besser im Griff hatte, würde ich vorerst einen Bogen um Kakao machen. So leid mir das auch tat …

»Ist Tante Claudi schon weg?«, nuschelte ich zwischen zwei Bissen.

Ma nickte und nahm einen Schluck von ihrem Tee. »Sie hatte noch etwas in der Stadt zu erledigen. Claudi hat dir einen Umschlag hiergelassen. Taschengeld für den Schüleraustausch. Und sie wünscht dir ganz viel Spaß in Paris.« Sie zwinkerte mir zu.

Plötzlich bekam ich ein schlechtes Gewissen, dass ich Tante Claudi so abgebügelt hatte.

»Was ist denn überhaupt los?«, wollte Ma wissen. »Du hast dich über eine halbe Stunde im Bad verschanzt.«

Ich schluckte und umklammerte meine Teetasse. Ich genoss die Wärme, die durch meine Hände strömte, und das angenehme Kribbeln auf meiner Haut.

»Ma … ich hatte heute meine erste Vision.«

Mit wenigen Sätzen erzählte ich ihr, was geschehen war. Da sie mich allein großgezogen hatte, verband uns ein sehr enges, fast schon freundschaftliches Verhältnis. Meinen Vater hatte ich nie kennengelernt, da er, laut meiner Mutter, ein »Urlaubsflirt« in Italien gewesen war. Mir fehlte es jedoch an nichts. Schließlich kannte ich es nicht anders, dass es nur Ma und mich im Zweiergespann und ohne Mann im Haus gab – mal abgesehen von den wenigen, verrückten Dates, die Ma manchmal mit nach Hause brachte.

Ich erzählte ihr alles – na ja, fast alles. Ein paar Geheimnisse musste man als Mädchen auch haben …

Als ich meinen Bericht über den heutigen Tag beendet hatte, griff meine Mutter über den Tisch hinweg nach meiner Hand.

»Wie geht es dir damit?«, erkundigte sie sich mitfühlend.

Ich horchte in mich hinein. Da waren so viele Gefühle auf einmal, die ich nicht einordnen konnte.

Ich zuckte mit den Schultern. »Keine Ahnung. Verunsichert. Überfordert. Verwirrt. Das ist alles so neu für mich. Ich weiß nicht, ob ich damit zurechtkomme.«

»Mila, sei nicht so hart zu dir selbst. Manche Dinge brauchen einfach ihre Zeit.« Ma lächelte aufmunternd.

So etwas Ähnliches hatte Liz vorhin auch gesagt …

Ich merkte, wie meine Gedanken erneut abschweiften.

Ma und Liz waren die Einzigen, die von meiner Gabe wussten. Tante Claudi hatte keinen blassen Schimmer, was Oma mir vermacht hatte, zumindest ging ich davon aus. Ich hatte sie wirklich gern, aber sie war ein kleines Plappermaul, weshalb es besser war, sie nicht in die ganze Angelegenheit einzuweihen.

Merkwürdig war nur die Tatsache, dass Ma und Claudi die Gabe des Duftsehens nicht von Oma vererbt bekommen hatten. (Im Gegenteil, Tante Claudi hatte sogar solch einen schlechten Geruchssinn, dass sie den Duft einer Rose nicht von dem Geruch einer Stinkmorchel unterscheiden konnte.)

Was im Umkehrschluss bedeuten musste, dass die Fähigkeit des Duftsehens nur willkürlich vererbt wurde und manche Generationen übersprang. Aber warum? Und warum besaß nun ausgerechnet ich diese Gabe?

Ob es wohl noch weitere Menschen wie Oma und mich gab? Andere Duftseher? Diese Frage beschäftigte mich schon seit Längerem.

Nachdenklich strich ich über den Ring mit der eingravierten Kakaobohne, den ich mit der silbernen Kette stets um meinen Hals trug. Ich hatte ihn immer bei mir. Dadurch war zumindest ein Teil von Oma noch da.

»Ma, wusstest du schon länger von Omas Gabe und dass ich diese eines Tages erben würde?«, forschte ich nach und sah meine Mutter prüfend an.

Sie schüttelte bedauernd den Kopf. »Nein, Mila. Ich habe auch erst von dem Duftsehen erfahren, als Oma dir auf dem Sterbebett davon erzählt hat.«

Grübelnd blickte ich in meine Teetasse.

Warum hatte Oma ein solches Geheimnis um die ganze Sache gemacht? Sie musste doch einen Grund dafür gehabt haben, ihre Gabe über all die Jahre versteckt zu halten. Oder?

Kapitel 5

Hilfe, meine Oma hat eine Leiche im Keller!

»Hast du denn schon angefangen zu packen?«, fragte meine Mutter, nachdem wir beide uns den Bauch mit Waffeln vollgeschlagen hatten und regungslos wie zwei Nilpferde auf unseren Stühlen ausharrten.

Ich schüttelte den Kopf. »Nein, aber das werde ich jetzt mal machen. Sag mal, wo steht denn eigentlich mein Koffer?«

Der letzte Urlaub mit Ma lag schon Ewigkeiten zurück. Als Floristin verdiente sie nicht die Welt, zumal unsere kleine Wohnung auch ordentlich an Mietkosten schluckte. Für den Schüleraustausch hatte ich lange gespart und wirklich jeden Euro, den ich anlässlich meines Geburtstags oder anderer Feierlichkeiten bekommen hatte, in mein Sparschwein gestopft. Ab und an gab ich für die Schüler in den unteren Jahrgängen auch Nachhilfe in Englisch und Französisch. Fremdsprachen hatten mir schon immer gelegen.

Da Oma französische Wurzeln hatte (ihre Mutter, also meine Uroma, kam gebürtig aus Paris) und sie diese nicht vernachlässigen wollte, hatte sie oft Französisch mit mir gesprochen. Irgendwann war das unser Ding geworden. Vielleicht hatte ich deshalb so eine enge Bindung zu der französischen Kultur und freute mich umso mehr auf den Schüleraustausch in Paris.

Seit Omas Tod war mein Französisch jedoch etwas eingerostet. Und mit Ma konnte ich nicht üben, denn Fremdsprachen waren nicht ihre Stärke. Dennoch war ich optimistisch, mich beim Schüleraustausch ganz gut verständigen zu können. Eigentlich, dachte ich in einem Anflug von Albernheit, brauchte ich gar nicht mehr zur Schule zu gehen, wo Liz mir doch bereits eine vielversprechende Zukunft als Duftseherin prophezeit hatte.

Ich sah die Schlagzeilen schon vor mir: *Mila – das Schokoladenorakel! Zeig mir deinen Kakao und ich sag dir, wer du bist!*

Meine Mutter runzelte die Stirn. »Ich glaube, der müsste unten im Keller sein. Siehst du mal nach? Und wärst du so lieb und bringst mir bei der Gelegenheit die Bastelkiste mit der Wolle aus Omas altem Schrank mit? Ich möchte die Zeit, die du in Paris bist, gerne nutzen und wieder mit dem Stricken anfangen.« Ma zwinkerte mir zu.

Also schleppte ich mich, immer noch in meinen Bademantel gekleidet und mit vollem Bauch, in den Keller. Unten angekommen, tastete ich die Wand nach dem Lichtschalter ab und eine Glühbirne, die lose über meinem Kopf von der Decke baumelte, flackerte auf.

Vielleicht hätte ich das Licht besser ausgelassen, denn im nächsten Moment sprangen mir etliche Spinnennetze ins Auge.

Ich schüttelte mich angeekelt. Auch wenn ich nicht unbedingt Angst vor Spinnen hatte, so hielt sich meine Begeisterung für die haarigen Geschöpfe doch eher in Grenzen.

Zudem roch es hier unten feucht und muffig. Manchmal wünschte ich mir ernsthaft, nicht über so einen ausgeprägten Geruchssinn zu verfügen.

Da ich so wenig Zeit wie möglich in diesem kalten Loch verbringen wollte, hielt ich zielstrebig auf den letzten Abstellraum im Gang zu.

Himmel, ich hätte echt nicht so viele Waffeln futtern sollen.

Ich holte den Schlüssel aus meiner Bademanteltasche und schob ihn in das Schloss. Es ließ sich nur schwer öffnen, doch nach einigen Bemühungen sprang die Holztür endlich auf.

Ich entdeckte meinen türkisfarbenen Reisekoffer sofort. Er stand neben Omas altem Holzschrank. Ma und ich hatten es nach ihrem Tod nicht übers Herz gebracht, den Schrank wegzugeben. Mit seinen auffälligen Schnitzereien und Verzierungen war er optisch sogar ein echtes Schmuckstück. Leider war weder in unserer noch in Claudis Wohnung Platz, um ihn dort aufzustellen.

Ich öffnete den Schrank und ließ meinen Blick über die einzelnen Fächer gleiten. Die Bastelkiste lag ganz unten, zwischen einer Decke und einer Sporttasche. (Letztere würde vermutlich für immer dort verschimmeln, da Ma und ich absolute Sportmuffel waren.)

Gerade als ich die Kiste an mich nehmen wollte, fiel mir auf, dass der unterste Schrankboden locker saß, das Brett stand ein bisschen ab. Noch verblüffter war ich jedoch, als ich darunter einen Hohlraum entdeckte. Ich hob das Brett etwas höher an und staunte nicht schlecht: Dort war ein Geheimfach!

Und das Geheimfach war nicht leer, ein altes, gebundenes Buch lag darin. Die Zeit hatte deutliche Spuren darauf hinterlassen, die Buchseiten waren vergilbt und fleckig.

Ich sah das Buch zum ersten Mal. Ob Oma es dort all die Jahre über aufbewahrt hatte? Aber warum hatte sie es nicht ganz normal wie jedes ihrer Bücher ins Regal gestellt? Seltsam …

Neugierig griff ich danach und pustete über den verstaubten Einband. Ich musste husten, als im schummrigen Licht der Glühbirne unzählige Staubpartikel durch den Raum wirbelten.

Das dicke Buch wog schwer in meinen Händen. Ich strich da-

rüber und las die Worte, die auf Französisch geschrieben waren:
Grimoire du chocolat.

Ein Schokoladen-Grimoire? Was sollte das denn sein? Ich runzelte die Stirn.

Da das Licht im Keller zu finster war und die Kälte langsam durch die Ritzen kroch, klemmte ich mir das Buch kurzerhand unter den Arm und lief mit dem Reisekoffer in der einen und der Bastelkiste in der anderen Hand wieder nach oben.

Weil ich erst einmal selbst das geheimnisvolle Schokoladen-Grimoire genauestens unter die Lupe nehmen wollte, bevor meine Mutter neugierig darin herumschnüffelte, tapste ich leise durch den Flur. Ich hatte Glück, denn Ma befand sich im Bad und trällerte lauthals und schief vor sich hin.

Ich legte ihr die Bastelkiste ins Wohnzimmer, als Mas Stimme plötzlich aus dem Bad drang.

»Mila, Schatz, hast du den Koffer und die Bastelkiste gefunden?«

»Jahaaa, ich hab dir die Kiste ins Wohnzimmer gestellt. Ich pack dann mal!«, rief ich zurück und beeilte mich, ungesehen in mein Zimmer zu kommen. Lautlos schloss ich die Tür hinter mir.

Wie gesagt, Mütter mussten nicht jedes Geheimnis kennen …

Im Schneidersitz machte ich es mir auf meinem Bett bequem und legte das Buch auf meinen Schoß.

Beinahe andächtig strich ich über das abgewetzte Leder.

Das Buch war wunderschön und sah aus, als wäre es handgefertigt. Eine hübsche Schnalle wand sich um den Einband.

Goldfarbene Schnörkel und Ranken aus Blüten schlängelten sich längs und quer an den Rändern des Buches entlang, wobei sich in jeder Ecke eine Prägung in Form einer Kakaobohne befand.

Ich stockte ... Diese Kakaobohne kam mir seltsam bekannt vor.

Einer Eingebung folgend griff ich in den Ausschnitt meines Bademantels und holte die Kette von Oma hervor. Ich verglich die Kakaobohne auf dem Ring mit denen auf dem Buch.

Sie waren beinahe identisch.

Mein Herz begann vor Aufregung schneller zu schlagen.

Das Augenmerk des Buches lag – von den hübschen Verzierungen einmal abgesehen – eindeutig auf den Worten, die schwungvoll und in schnörkeliger Schrift den Einband zierten.

»Grimoire du chocolat«, murmelte ich.

Etwas kleiner darunter stand, ebenfalls auf Französisch: *»Le cercle des chocolatiers«*. Übersetzt bedeutete das in etwa so viel wie »Chocolatiers-Zirkel«.

Unter dem Schriftzug war eine goldgeprägte Wahrsagekugel abgebildet, in der sich eine angebissene Schokoladentafel befand.

Meine Gedanken überschlugen sich. Ein Schokoladen-Grimoire? Und ein Chocolatiers-Zirkel?

Was hatte es mit alldem auf sich?

Waren Chocolatiers nicht normalerweise Schokoladenhersteller?

Meine Hände wurden schwitzig und ich dachte erneut an Omas Worte zurück, die sie mir kurz vor ihrem Tod mit auf den Weg gegeben hatte. Sie hatte gesagt, ich sollte mich von der Magie der Kakaobohne leiten lassen, sie würde mir den Weg weisen.

Es konnte kein Zufall sein, dass ich heute meine erste Kakaovision hatte und mir nun das Symbol der Kakaobohne auf diesem Buch begegnete.

Hatte ich hier womöglich einen echten Schatz gefunden? Einen, der mir dabei helfen konnte, meiner Gabe weiter auf die Spur zu kommen?

Ich tastete nach der Schnalle, doch leider machte Ma mir einen Strich durch die Rechnung. Es klopfte an meiner Tür.

Hastig versteckte ich das Buch unter meiner Decke, keine Sekunde später stand Ma im Zimmer.

»Mila, würdest du mir kurz helfen, eine Tischdecke zusammenzulegen?«, fragte sie.

»Klar, komme sofort«, antwortete ich schnell und wartete darauf, dass meine Mutter das Zimmer wieder verließ. Dann zog ich das Schokoladen-Grimoire unter meiner Bettdecke hervor und verstaute es kurzerhand in meinem Rucksack.

Sosehr ich auch darauf brannte, das Schokoladen-Grimoire näher unter die Lupe zu nehmen, es musste warten. In Paris würde ich sicherlich Zeit finden, es eingehender zu studieren.

Ich musste Liz morgen unbedingt in meine neueste Entdeckung einweihen.

Die würde Augen machen!

Duftdiarium-Eintrag von Freitag, den 04. Juli

Kakaointensität:
Mittel

Auslöser:
Die Tafel Schokolade von Fenja

Schokoladensorte:
Definitiv Vollmilch. Fenja darf nur Vollmilchschokolade essen, hat sie mal gesagt. Weil sie von Zartbitter Verstopfung bekommt. Und weiße Schokolade mag sie nicht.

Bildschärfe:
Verschwommen

Handlungsort:
Ein Bürgersteig

Beteiligte:
Eine Taube und meine Wenigkeit

Liebes Duftdiarium,
ich weiß gar nicht, wo ich anfangen soll. Heute hatte ich meine erste Vision.
Der Kakaoduft kam ganz plötzlich (vermischt mit dem Geruch von Leberwurst auf Max' Brot und dem von Liz' Nagellack – keine schöne Kombi!).
Da waren diese seltsamen Bilder in meinem Kopf, die überhaupt keinen Sinn ergaben. So schwammig und wirr.

Meine ganze Klasse hat mich angesehen, als wäre ich ein Alien. Und ehrlich gesagt fühle ich mich auch genau so. Als käme ich von einem anderen Planeten.

Ich kapier's nicht, warum kann ich nicht ein stinknormales Talent haben? So wie Liz, die total gut nähen kann und die meisten ihrer Klamotten selbst schneidert? Oder wie meine Mutter, die ein Händchen für Blumen hat und aus jedem noch so verkümmerten Feld-, Wald- und Wiesenstrauch etwas Einzigartiges zaubert? Selbst Tante Claudi ist auf ihre Art begabt. (Sie häkelt seltsame rosa Schweinchen, die auch als pinker Mops durchgehen würden.)

Und ich? Ich sehe Bilder von Tauben in imaginären Kakaowolken.

Ich muss das unbedingt in den Griff bekommen, bevor mich noch die Leute im weißen Kittel abholen.

Hoffentlich kann mir dieses Schokoladen-Grimoire weiterhelfen!

KAPITEL 6

Quacksalbernde Quarklis
und vorausschauende Vanilletrüffel

Am nächsten Morgen stand ich abfahrbereit mit gepacktem Rucksack und Koffer gemeinsam mit meiner Mutter an der Bushaltestelle vor der Schule. Außer mir waren bereits ein paar andere aus meiner Klasse da, doch von Liz fehlte jede Spur. Hoffentlich hatte sie nicht wieder verschlafen, das passierte ihr gerne mal. Selbst die Krähe konnte ich nirgends entdecken.

Die ganze Nacht über hatte ich vor Aufregung kein Auge zugetan, was zum einen an dem bevorstehenden Schüleraustausch und zum anderen an dem Schokoladen-Grimoire lag, das in meinem Rucksack verstaut war.

»Hach, Mila, ich beneide dich ja so. Paris, die Stadt der Liebe …« Meine Mutter seufzte verträumt. Sie plapperte munter weiter, als ich endlich Liz in der Menschentraube ausmachen konnte. Ihr leuchtend blauer Haarschopf stach schon von Weitem heraus und bahnte sich einen Weg zu uns.

Wir fielen einander um den Hals.

»Liz, wie schön, dich zu sehen«, begrüßte meine Mutter sie freudig. »Wo sind denn deine Eltern?«

»Die konnten mich leider nur kurz absetzen und mussten dann direkt weiter zur Arbeit.« Ein enttäuschter Unterton schwang in Liz' Stimme mit.

Wie gut, dass Ma eine Meisterin im Gute-Laune-Verbreiten war und sie meine beste Freundin geschickt auf andere Gedanken brachte.

»Liz, du siehst einfach toll aus! Der Jeansrock steht dir ausgezeichnet. Und schicke Haarfarbe übrigens!«

Liz strahlte bis über beide Ohren. »Danke! Tja, wäre schön, wenn das auch andere so sehen würden ...«

Meine Mutter zwinkerte ihr zu. »Also, ich find's cool! Früher, in meiner Jugend, habe ich mich auch an allen möglichen Haarfarben ausprobiert.«

Während Liz und Ma sich über Haarfarben austauschten und die Vor- und Nachteile von Tönen und Färben miteinander durchgingen, füllte sich der Bürgersteig merklich.

Mittlerweile waren auch Madame Delacroix und unser Busfahrer eingetroffen.

»Alle einsteigen, bitte«, tönte die leicht näselnde Stimme der Krähe über uns hinweg, während sie uns alle auf einer Liste abhakte.

Ma nahm mich fest in den Arm. »Du wirst mir fehlen, Mila.«

»Du mir auch, Ma«, nuschelte ich. »Ich melde mich, wenn wir angekommen sind.«

Obwohl wir uns die Plätze hart erkämpfen mussten, gelang es Liz und mir, die letzte Reihe im Bus für uns zu sichern.

Nachdem Madame Delacroix sich zum allerletzten Mal vergewissert hatte, dass wir vollzählig waren, schlossen sich zischend die Türen des Busses.

Ma winkte Liz und mir zum Abschied zu, wobei sie mir noch ein Luftküsschen schickte. Meine Augen füllten sich mit Tränen, doch ich zwang mich dazu, ruhig durchzuatmen und sie wegzublinzeln. Es war komisch zu wissen, dass wir so lang getrennt voneinander sein würden. Der Bus fuhr langsam an und ich winkte Ma so lange zu, bis er hinter der nächsten Kurve und die Schule aus meinem Sichtfeld verschwand.

Ich ließ mich tief in meinen Sitz sinken.

Liz und ich warfen uns einen einvernehmlichen Blick zu.

»Paris, wir kommen!«, quietschte Liz übermütig und ich stimmte in ihr Lachen mit ein.

Ein vorfreudiges Kribbeln breitete sich bis in meine Zehenspitzen aus.

Da es jedoch noch eine andere Sache gab, die mich vor Aufregung ganz kribbelig machte, griff ich in meinen Rucksack. Als ich mir sicher sein konnte, dass Liz und mich niemand beobachtete – die meisten aus unserer Klasse spielten Karten oder hörten Musik über ihre Kopfhörer – holte ich das Schokoladen-Grimoire heraus und hielt es meiner besten Freundin unter die Nase.

»Was ist das denn?«, fragte Liz neugierig. »Und wo hast du das her?«

In ein paar kurzen Sätzen erzählte ich Liz von dem Geheimfach in Omas altem Schrank.

Liz' Augen weiteten sich auf Tellergröße. Es gab nichts, was sie mehr liebte als Geheimnisse und Rätsel – von knalligen Haarfarben, verrückten Outfits und der Schauspielerei vielleicht einmal abgesehen.

»Wow«, staunte Liz. »Ist das etwa eine geheime Botschaft deiner Oma?«

Ich zuckte mit den Schultern.

»Keine Ahnung. Gestern bin ich nicht mehr dazu gekommen, es mir näher anzusehen, da Ma mich für den Rest des Tages eingespannt hat. Und als ich im Bett lag, hab ich mich nicht mehr getraut hineinzusehen. Weil ich ein bisschen Schiss vor dem hatte, was darin stehen könnte, verstehst du? Aber sieh mal«, ich zog die Kette aus dem Ausschnitt meines Shirts hervor, »findest du nicht auch, dass die Kakaobohne auf dem Ring, den Oma mir geschenkt hat, fast identisch mit denen auf dem Buch ist? Das kann doch kein Zufall sein. Das muss etwas zu bedeuten haben!«

Liz reichte mir das Buch wie einen heiligen Schatz zurück.

»Los, mach es auf! Vielleicht erfahren wir dann mehr.«

Mit klopfendem Herzen und zitternden Fingern löste ich die Schnalle um den Einband und klappte es auf.

Auf der ersten Seite befand sich ein Zitat. Die Schrift war geschwungen und schnörkelig, wie es früher üblich gewesen war.

Liz beugte sich etwas näher über die Schrift.

»Bei der Kakaobohne zauberhaftem Duft liegt ein Hauch von Zukunft in der Luft. Gaston Dupont, Duftseher und Mitglied des Chocolatiers-Zirkels.«

Liz sah mich an und fasste mich aufgeregt am Arm.

»Mila, weißt du, was das bedeutet? Es gibt tatsächlich weitere Duftseher außer deiner Oma und dir! Vielleicht war ja jeder Duftseher ein Mitglied dieses Zirkels! Hat deine Oma mal etwas davon erwähnt?«

Seufzend schüttelte ich den Kopf. »Nein, leider nicht. Das Einzige, was ich habe, sind der Ring und Omas vage Andeutungen, kurz bevor sie starb.«

Dennoch hatte ich das Gefühl, dass mir eine tief verborgene Erinnerung wie Sand durch die Finger glitt. Eine Erinnerung, die noch in meinem Hinterkopf herumschwirrte und die ich einfach nicht zu fassen bekam. Ich rieb mir über die Schläfe.

»Und früher?«, bohrte Liz nach. »Hat deine Oma vorher noch nie was vom Duftsehen erzählt?«

Plötzlich klingelte es bei mir.

»Der Zauberkakao!«, sprudelte es aus mir hervor. »Als ich

noch klein war, hat Oma mir immer eine Gutenachtgeschichte erzählt, die von einem magischen Kakao handelte. Ich kann mich nicht mehr an den genauen Wortlaut erinnern, aber ich meine, sie hat gesagt, dass nur wenige Menschen die Magie des Zauberkakaos erkennen konnten. Oder so ähnlich. Es kam eine junge Frau namens Leni in der Geschichte vor. Und Oma hat einen Mann erwähnt, der wie Leni war und den diese in Paris traf. Und die beiden gründeten einen Zirkel. O mein Gott, Liz, Oma hat da von sich gesprochen. Als kleines Mädchen dachte ich immer, sie hätte sich die Geschichte nur ausgedacht.«

Liz war völlig aus dem Häuschen. »Wahnsinn! Das ist doch mal ein echter Anhaltspunkt. Und der Mann aus der Geschichte soll dieser Gaston Dupont sein?«, überlegte sie laut.

»Frag mich was Leichteres, ich höre den Namen zum ersten Mal«, gab ich ratlos zurück.

Liz nahm mir das Buch aus der Hand und blätterte weiter.

»Sieh mal, hier sind lauter Kakao- und Schokoladenrezepte.«

Ich zog eine Flappe. »Na toll, was soll ich denn bitte mit einem Rezeptbuch anfangen?«

Liz zwirbelte sich eine blaue Haarsträhne nachdenklich um den Zeigefinger.

»Vielleicht sind es keine normalen Rezepte, sondern sie haben irgendwas mit deiner Gabe zu tun. Schau mal, was für ausgefallene Namen die Rezepte haben: Neunmalkluger Nugat, Orakeliger Orangenkakao, Spekulierender Spekulatius, Quacksalbernde Quarklis, Vorausschauende Vanilletrüffel, Zukunftsweisende Zimtmuffins ...«

Sie kicherte. »Wer hat sich denn bloß die schrägen Namen ausgedacht?«

Liz und ich steckten die Köpfe zusammen, unsere Nasenspitzen hingen tief über den Buchseiten des Schokoladen-Grimoires.

Ich überflog eines der Rezepte, das mir gerade ins Auge sprang. Auf den ersten Blick hatte die Glasklare Glücksschokolade jedoch keine besonders außergewöhnlichen Zutaten: Milch, Kakaopulver, Vanillezucker, Zimt, Schlagsahne und Schokoladenraspel.

»Klingt wie eine ganz normale Trinkschokolade, findest du nicht?«, fragte ich Liz. Ich seufzte.

»Mist, irgendwie hatte ich mir mehr von diesem Grimoire erhofft. Geheimnisvolle Aufzeichnungen oder Hinweise.«

»Sind Grimoires nicht generell Zauberbücher mit magischem Wissen?«, erwiderte Liz nachdenklich. »Was hat deine Oma noch mal wortwörtlich zu dir gesagt, bevor sie von euch ging?«

»*Vertraue auf deine Sinne und lass dich von der Magie der Kakaobohne leiten, sie wird dir den Weg weisen*«, murmelte ich.

»Siehst du!«, triumphierte Liz. »Das hier ist definitiv ein Anfang. Sonst hätte deine Oma dieses Buch nicht so gut versteckt. Vielleicht fehlen uns einfach noch ein paar Puzzleteile.«

Liz war Feuer und Flamme. Sie holte ihr Handy heraus und tippte etwas ein.

»Was machst du da?«, hakte ich gespannt nach.

»Nachsehen, ob man zu dem mysteriösen Chocolatiers-Zirkel irgendetwas auf Google findet … Hmmh. Hier steht nur etwas von einem *Cercle du cacao*, allerdings ist das ein Kakaoimporteur mit Sitz in Brüssel. Ich glaube nicht, dass es das ist, was wir suchen.«

»Und wenn du mal diesen Gaston Dupont googelst?«, schlug ich vor.

Wieder flogen Liz' Hände flink über das Display des Handys. Doch erfolglos.

»Fehlanzeige. Weißt du, wie oft es den Namen Gaston Dupont gibt? Allein in Paris sind das weit über hundert.«

Ich schnaubte entmutigt, doch Liz ließ sich davon nicht beirren.

»Wie praktisch, dass wir auf dem Weg nach Frankreich sind. Und ist Paris nicht auch für seine schnuckeligen Chocolaterien bekannt? Bestimmt können wir dort mehr in Erfahrung bringen.«

Ich wollte zu einer Antwort ansetzen, als mir ein vertrauter Duft in die Nase stieg. Sanft schwebte der Geruch von Kakao durch den Bus.

KAPITEL 7

Hallöchen, ich hab
meine lockere Schraube wiedergefunden!

»Mist«, zischte ich. »Nicht schon wieder …«

Die Duftschwaden wurden dichter und schwollen zu einer kleinen pinkfarbenen Wolke an, als hätte jemand mit einem Zerstäuber Parfüm in den Bus gesprüht. Langsam formte sich vor meinen Augen ein Bild, zunächst noch recht blass, doch dann immer deutlicher.

Ich sah einen voll besetzten Reisebus, der auf einer Autobahn fuhr, kurz darauf ein Autobahnschild mit der Aufschrift »Autoroute A 4« Richtung Paris.

Moment mal … Das war doch unser Bus! Den Bruchteil einer Sekunde später tauchte in der Kakaoduftwolke ein spitzer Gegenstand auf der Fahrbahn auf, ein rostiger Nagel, eine Schraube oder Ähnliches. Unser Bus fuhr weiter, und plötzlich platzte der Reifen. Panne!

Ich keuchte auf.

Liz packte mich bei der Schulter. »Mila, ist alles in Ordnung?«

Ich schluckte und starrte Liz aus geweiteten Augen an. »Ich befürchte, unser Reisebus hat gleich eine Panne.«

Ohne ein weiteres Wort flitzte ich nach vorne zum Busfahrer, der über mein unvermitteltes Auftauchen nicht besonders erfreut war.

»Mädchen, setz dich wieder hin«, knurrte er. »Wir sind mitten auf der Autobahn!«

»Hören Sie«, unterbrach ich den Busfahrer, bevor mich der Mut verließ. »Das mag jetzt etwas seltsam klingen, aber Sie sollten die Spur wechseln. Im Radio wurde soeben durchgegeben, dass spitze Gegenstände auf der Fahrbahn liegen.«

Der Busfahrer sah mich verwirrt an. »Mädchen, ich habe die ganze Zeit den Verkehrsfunk an. Da wurde nichts von spitzen Gegenständen durchgesagt. Du hast dich sicherlich verhört. Und nun tu mir den Gefallen und setz dich wieder auf deinen Platz.«

Der Busfahrer dachte gar nicht daran, die Spur zu wechseln, geschweige denn das Tempo zu drosseln. Das Autobahnschild, das ich zuvor noch im Kakaonebel gesehen hatte, flog an uns vorbei und Verzweiflung breitete sich in mir aus.

»Bitte, wechseln Sie die Spur, sonst wird es eine Panne geben –«, flehte ich ihn an, doch es war bereits zu spät.

Ein Ruck ging durch den Bus, und ich flog nach vorne. Stimmen kreischten hinter mir und Rucksäcke wurden durch den Bus geschleudert.

»Verdammt, was geht hier vor sich?!«, überschlug sich die Stimme des Busfahrers, während er panisch versuchte, die Kontrolle über seinen Bus zurückzuerlangen.

Schlingernd kamen wir am Fahrbahnrand zum Stehen.

Das Ende vom Lied war, dass der Busfahrer stinksauer auf mich war und wir alle im Gänsemarsch hinter der Leitplanke bis zum nächstgelegenen Rastplatz dackeln mussten. Glücklicherweise war der nur einen Kilometer entfernt. Dort warteten wir zwei Stunden auf den Pannendienst, bevor wir unsere Fahrt nach

Paris fortsetzen konnten. Das einzig Positive: Alle waren unverletzt und wohlauf, allerdings hatte die Stimmung ihren Tiefpunkt erreicht.

So oft, wie sich die Krähe mittlerweile ihr schwarzes Haar gerauft hatte, war die Ähnlichkeit zu dem Vogel nicht mehr zu leugnen.

»*Mon Dieu*, so habe ich mir den Beginn unseres Schüleraustauschs gewiss nicht vorgestellt. *Quelle catastrophe!*« Die Französin warf ihre Arme dramatisch gen Himmel.

Liz zupfte mich aufmunternd am Arm. »Hey, du hast alles versucht, um die Katastrophe zu verhindern. Es ist nicht deine Schuld.«

»Und dennoch hat es nichts gebracht. Wir hatten trotzdem eine Panne und der Busfahrer hält mich für irre. Ich sag's ja. Meine Gabe ist absolut nutzlos«, murrte ich.

Ich beschloss, dass ich für heute eindeutig genug von Geheimnissen, Kakaowolken, Grimoires und Chocolatiers-Zirkeln hatte, und stopfte das Buch so weit wie möglich in die Tiefen meines Rucksacks. Und da würde es – das schwor ich mir – erst mal eine ganze Weile schmoren, bevor ich noch mehr Ärger anrichtete.

Wer weiß, vielleicht hatte meine Oma einen Tollpatsch wie mich absichtlich in Unwissenheit zurückgelassen und es war besser, wenn ich so wenig wie möglich über diese ganze Schokomagie wusste?

Nach einer gefühlten Ewigkeit war der Bus endlich wieder startklar und es konnte weitergehen.

Liz und ich verkrümelten uns in die letzte Reihe des Busses. Müdigkeit steckte in meinen Knochen und ich wurde immer schläfriger. Doch kurz bevor ich einnickte, notierte ich die heutige Kakao-Buspanne noch schnell in meinem Duftdiarium. Möglicherweise würden die Notizen eines Tages hilfreich sein, um einen größeren Sinn dahinter zu erkennen. Nebenbei futterte ich noch die köstlichen Sandwiches, die Ma mir geschmiert hatte (und die Tüte Gummibärchen war vor mir auch nicht sicher).

Irgendwann musste ich eingeschlafen sein, denn als ich die Augen öffnete, war der Bus erneut zum Stehen gekommen. Ich fuhr hoch. Hatte es noch eine Panne gegeben?

Ein flüchtiger Blick aus dem Fenster des Busses verriet mir aber schnell den wahren Grund unseres Stopps. Denn an einem massiven Messingschild, das an den Pforten eines eisernen Eingangstors befestigt war, las ich den Namen der Privatschule: Saint-Clément.

Wir waren bereits in Paris!

Hinter dem Tor erhob sich im Dämmerlicht des Abendhimmels ein mächtiges weißes Herrenhaus, das mit seinen Türmchen und den verwinkelten Erkerfenstern geradezu wie ein verträumtes Märchenschloss aussah. Eigentlich fehlten nur noch ein paar romantische Efeuranken, die die Fassade hinaufkletterten.

Draußen hatten sich bereits ein paar – wie ich vermutete – Schüler der Saint-Clément und deren Eltern versammelt.

Aufgeregt sahen Liz und ich uns an.

Das Abenteuer konnte beginnen!

Duftdiarium-Eintrag von Samstag, den 05. Juli

<u>Kakaointensität</u>:
Relativ stark

<u>Auslöser</u>:
Unbekannt

<u>Schokoladensorte</u>:
Ich tippe auf Zartbitter. Die Kakaonoten waren recht intensiv und dunkel.

<u>Bildschärfe</u>:
Suppig. Nicht so undurchschaubar wie ein modriger Ententümpel, aber auch nicht so klar wie Kloßbrühe.

<u>Handlungsort</u>:
Eine Autobahn

<u>Beteiligte</u>:
Ein Bus und viele Schüler

Liebes Duftdiarium,
ich habe noch immer keine großartig neuen Erkenntnisse. Und ich weiß nicht, was dieser ganze Hokuspokus zu bedeuten hat. Aber heute habe ich zumindest eine Panne vorhersehen können. Vielleicht hat Liz recht und ich könnte mit meiner Gabe tatsächlich etwas bewirken? Allerdings, was nutzt es mir, wenn mir die Leute nicht glauben, so wie der Busfahrer heute? Er hat mich mit einem Blick bedacht,

als wäre ich ein bisschen gaga. Na ja, wenigstens habe ich auf der Autobahn meine lockere Schraube wiedergefunden (haha, selten so gelacht!).

Mir ist außerdem aufgefallen, dass die Bilder im Kakaonebel diesmal etwas klarer waren, nicht ganz so verschwommen wie bei der Taube. Ob die Bilder deutlicher werden, je intensiver der Kakaogeruch ist?

Ich muss diese Theorie im Auge behalten.

KAPITEL 8

Suche Austauschschülerin,
biete süßen Franzosen!

Nach und nach wurden alle aus meiner Klasse von ihren Gast-familien abgeholt und in Empfang genommen. Der Bürgersteig vor der Saint-Clément leerte sich merklich.

Liz stand neben einem schlanken Mädchen mit brünetten Haa-ren, das hochmütig dreinblickte. Direkt daneben konnte man die ältere Ausgabe der dunkelhaarigen Schönheit bewundern, nur mit mehr Falten und Botox, vermutlich die Mutter. Zu dem klei-nen Grüppchen zählten noch ein Mann, der permanent geschäf-tig auf seine Uhr glotzte (Vater?) und eine ältere Dame in Hippie-klamotten (Oma?), die als Einzige einen netten Eindruck machte.

Meine beste Freundin wirkte todunglücklich. Oje …

Ich suchte ihren Blick. Liz sah wiederum mich fragend an, da meine Gastfamilie immer noch nicht aufgetaucht war. Ich zuck-te mit den Schultern.

Wo blieb Lou bloß? Sie würde mich doch nicht vergessen ha-ben?

Schließlich winkte auch Liz mir zum Abschied zu und bedeu-tete mir mit einem Handzeichen, dass wir später noch telefo-nieren würden. Dann stieg sie in einen schicken Mercedes und fuhr in ihr neues Zuhause auf Zeit.

Mittlerweile war ich die Einzige, die mit Madame Delacroix

wie bestellt und nicht abgeholt vor den Toren der Saint-Clé-ment stand.

»Ich verstehe das nicht, Mila, wo bleibt nur deine Gastfamilie?«, murmelte die Krähe zerstreut und blätterte hektisch durch ihre Unterlagen. Zwischendurch zeigte sie mir voller Begeisterung Fotos von ihren Katzen.

Auf einmal bog eine lange schwarze Limousine mit getönten Scheiben um die Ecke. Nahezu lautlos glitt sie über die Straße, bevor sie uns gegenüber am Fahrbahnrand langsam zum Stehen kam.

»Was meinst du, Mila, wer da wohl drinsitzt?«, raunte Madame Delacroix und kicherte nervös wie ein pubertierender Teenager, ihre Wangen färbten sich in einen warmen Rotton.

»Vielleicht ein bekannter französischer Sänger oder ein Schauspieler?«

Abwartend beobachteten die Krähe und ich, was sich da vor unseren Augen abspielte. Ein Mann stieg auf der Fahrerseite aus und lief um den beeindruckenden Schlitten herum. Dabei ging er so aufrecht und adrett, als hätte er einen Stock verschluckt. Was für ein affiges Getue.

Er öffnete die Tür der hinteren Sitzreihe und ein Mann mit dunklem Haar und schwarzem Anzug verließ die Sicherheit der Limousine, gefolgt von einem Jungen mit blondem Haar in etwa meinem Alter.

»*Mon Dieu*«, brach es schon zum zweiten Mal an diesem Tag aus Madame Delacroix heraus, bevor sie von einem kräftigen Hustenanfall durchgerüttelt wurde.

»Geht es Ihnen nicht gut?«, erkundigte ich mich besorgt.

Die Krähe warf mir einen nervösen Blick zu.

»Mila, erkennst du ihn denn nicht?«, wisperte sie mir verschwörerisch zu. »Das ist der französische Präsident!«

Was?!

Mein Kopf schnellte wieder in Richtung der Limousine, wo der Präsident seine Krawatte zurechtrückte. Tatsächlich kam mir sein Gesicht bei genauerem Hinsehen bekannt vor …

Der Mann von der Fahrerseite, vermutlich ein Bodyguard, sah sich wachsam um, doch die Straße vor der Privatschule war nahezu leer gefegt.

Als wäre es nicht schon sonderbar genug, dass der Präsident am helllichten Tag durch Paris spazierte, so war das Nächste, was passierte, noch viel sonderbarer: Der Präsident hielt samt Bodyguard und dem Jungen im Schlepptau geradewegs auf Madame Delacroix und mich zu.

Das ließ nun auch mich nervös werden. Ich schaute mich um, in der Annahme, es könnte jemand anders gemeint sein, doch da war niemand.

Plötzlich trat der blonde Junge, der sich zunächst noch im Schatten des Präsidenten gehalten hatte, hinter dessen Rücken hervor und blieb direkt vor mir stehen.

»Hi, du musst Mila sein. Ich bin Louis, kurz Lou, dein Gastbruder«, meinte er gut gelaunt auf Französisch. Es irritierte mich, dass er seinen Namen deutsch aussprach, allerdings blitzte der Gedanke nur kurz auf, bevor er sich sofort wieder verflüchtigte.

Ich starrte ihn an wie das achte Weltwunder. Der Sonnyboy schenkte mir ein strahlendes Lächeln, und eine Reihe perlweißer Zähne kam zum Vorschein. Leuchtend blaue Augen blitzten mich frech unter einem blonden, wuscheligen Haarschopf an.

Noch immer kam kein einziger Laut über meine Lippen, doch ich war wenigstens so geistesgegenwärtig, meine Hand auszustrecken. Der Junge ignorierte diese Geste jedoch, beugte sich stattdessen flink zu mir herüber und hauchte mir links und rechts ein Küsschen auf die Wange. Dabei stieg mir der Geruch von Minze in die Nase.

Schlagartig schoss mir die Hitze bis in die Ohrenspitzen.

Während ich wie ein Karpfen auf dem Trockenen aussah und krampfhaft versuchte, meine Sprache wiederzufinden, ergriff der Präsident das Wort. Der Bodyguard thronte hinter ihm wie ein Fels in der Brandung.

»Bonjour«, begrüßte uns der hochgewachsene Mann, wobei sein Blick an meiner Französischlehrerin hängen blieb.

»Sie müssen Madame Delacroix sein, die Organisatorin des Schüleraustauschs. Wenn ich mich vorstellen darf, ich bin Pierre Dupont und das hier ist mein Sohn Louis.« Er deutete auf sein jüngeres Ich.

»Entschuldigen Sie bitte die Verspätung. Leider ist kurzfristig eine wichtige Konferenz dazwischengekommen, die ich nicht versäumen durfte.«

Während ich noch versuchte, die Bruchstücke in meinem Kopf zu ordnen, war Madame Delacroix so durch den Wind, dass sie vor dem Präsidenten knickste. Sie knickste!

Eigentlich hätte nur noch gefehlt, dass sie ihn mit »Eure Durchlaucht« oder »Eure Majestät« ansprach.

Wahrscheinlich hatte sie einfach zu viele Sendungen über britische Königshäuser gesehen, nur dass gerade nicht Prinz William, sondern das französische Staatsoberhaupt vor uns stand.

Dann reichte der Präsident mir seine Hand.

»Herzlich willkommen in Paris, Mila.«

Ungläubig blickte ich zwischen dem Präsidenten, seinem Sohn und dem Bodyguard hin und her, bis ich wieder Louis ansah.

Bis eben hatte ich noch die winzige Hoffnung gehabt, dass meine Französischkenntnisse vielleicht doch nicht so gut waren wie angenommen und ich die ganze Situation einfach nur missverstand. Doch nachdem mich nun selbst der Präsident offiziell willkommen geheißen hatte, bestand leider kein Zweifel mehr daran, dass Louis mein Austauschpartner war.

Ich fasste es nicht!

»Ich dachte, du … du bist … Warum bist du ein Junge? Also ich meine, wieso bist du kein Mädchen? Du siehst nicht aus wie eine Lou«, stammelte ich zusammenhanglos auf Französisch vor mich hin, bevor mein Blick panisch zu Madame Delacroix schnellte. Wie um Himmels willen konnte das passieren?! Erst stellte sich heraus, dass Louis ganz offensichtlich kein Mädchen war, nein, er war zu allem Überfluss auch noch der Sohn des französischen Präsidenten!

Ich fühlte mich wie in einer schlechten Soap.

Erneut blätterte die Krähe durch ihre Unterlagen, rote Flecken breiteten sich auf ihrem Hals aus.

»Da muss bei den Ausfüllbögen für den Schüleraustausch irgendwas schiefgelaufen sein, wieso wusste ich nichts davon? Ich hatte keine Ahnung, dass Milas Gastfamilie die des Präsidenten ist …«, murmelte sie zerstreut.

»Es war mir wichtig, dass die Sache mit dem Austausch möglichst diskret abläuft, verstehen Sie? Für gewöhnlich hätte ich in meiner Position Louis den Austausch nicht gestattet, doch er hat darauf bestanden, wie ein normaler Junge daran teilnehmen zu können.«

Madame Delacroix rückte ihre Brille zurecht. »Haben Sie denn ein separates Zimmer für Mila? Das Schiller-Gymnasium erlaubt nicht, dass Jungen und Mädchen in ein und demselben Zimmer schlafen. Sie verstehen schon, Aufsichtspflicht …«

O Gott, wie peinlich! Verlegen blickte ich auf meine Schuhspitzen.

Als ich aufsah, lächelte der Präsident.

»Geschätzte Madame Delacroix, machen Sie sich darüber keine Sorgen. Mila wird ihr eigenes Gemach bekommen, im Élysée-Palast ist mehr als ausreichend Platz. Das ist dir doch bestimmt recht, oder?«, wandte sich der Präsident plötzlich an mich.

Ich starrte ihn an, während meine Gedanken Achterbahn fuhren. Der Bürgersteig unter mir begann zu wanken.

Dann wurde mir schwarz vor Augen.

KAPITEL 9

Von Shawn Mendes und fliegenden BHs

Als ich wieder zu mir kam, waren vier Gesichter über mich gebeugt und musterten mich wie eine seltene Spezies, wobei ihre Gesichtsausdrücke von skeptisch (Präsident) über belustigt (Louis) bis hin zu besorgt (Krähe) reichten. Der Einzige, der immer noch ganz cool und lässig wirkte, war der Bodyguard.

Der Präsident schien zu hinterfragen, ob er sich das mit dem Schüleraustausch gut überlegt hatte, während Madame Delacroix ihre geschminkten Lippen spitzte und mir damit verdächtig nah kam.

Dabei fiel mir auf, dass sie verdammt viele Nasenhaare hatte … Innerlich schüttelte ich mich.

Im nächsten Moment hielt Louis mir ein Bonbon unter die Nase und wedelte damit vor meinem Gesicht herum, als wollte er versuchen, mich durch dessen Duft wieder zurück zu den Lebenden zu holen. Ich nahm einen verdächtig kakaoigen Geruch wahr …

Ich schlug Louis' ausgestreckte Hand weg, sprang wie von der Tarantel gestochen auf und wich zurück.

»Geh weg!«, zischte ich panisch, da ich nun wirklich nicht scharf darauf war, meinen nächsten Kakao-hast-du-nicht-gesehen-Anfall auf offener Straße und noch dazu vor dem Präsidenten Frankreichs und seinem Sprössling höchstpersönlich zu erleiden – dann konnte ich sicherlich postwendend die Heimreise antreten. Wer würde schon eine Irre unter seinem Dach haben wollen, die merkwürdige Bilder in Kakaowolken sah?

Mal im Ernst: Würde jemand versuchen, mir diese Geschichte aufzutischen, dann hätte ich ihn auch für unzurechnungsfähig erklärt.

Kurz kam mir der Gedanke, dass ich das Grimoire einfach in den Tiefen der Seine versenken sollte, dann hatte dieser ganze Hokuspokus vielleicht ein Ende.

Louis runzelte die Stirn. »Magst du etwa keine Schokolade?«

Ich beschloss, dass eine Lüge meine größte Chance war, heil aus dieser Sache herauszukommen, und schüttelte mit Nachdruck den Kopf.

Zutiefst bestürzt und in einer überaus dramatischen Geste griff sich Louis an seine Brust, als würde er von einem Pfeil durchbohrt werden.

»Das trifft mich schwer. Ich weiß nicht, ob wir unter diesen Umständen Freunde werden können.«

Er konnte sein Pokerface jedoch nur kurzzeitig wahren, dann grinste er breit.

»Ich kenne niemanden, der keine Schokolade mag. Du bist anders.«

Sollte ich das jetzt als Kompliment oder als eine Beleidigung auffassen?

Anders positiv? Anders merkwürdig? Anders durchgeknallt? Wahrscheinlich bereute Louis es schon, seinen Vater zu diesem Schüleraustausch überredet zu haben.

»Äh, danke?«, sagte ich daher nur, was Louis noch breiter grinsen ließ, während sein Blick zu meinen Sneakers wanderte. Heute hatte ich mich für die Kombination Rot-Grün entschieden, beklebt und verschönert mit zahlreichen Stickern und Skizzen.

»Interessante Schuhwahl«, meinte Louis nur dazu.

Ich verschränkte die Arme vor der Brust. »Machst du dich lustig über mich?«

»Nein, ich finde die wirklich cool.«

Ich suchte nach einem Anzeichen von Hohn oder Spott in seinen Augen, fand jedoch nichts.

Nachdem alle Formalitäten erledigt waren, Madame Delacroix sich sicher war, dass ich in der Familie Dupont gut aufgehoben war und im Palast nicht vor Einsamkeit sterben würde, machte meine Lehrerin sich auf in Richtung Hotel – allerdings nicht, ohne mir noch dreimal zu sagen, dass ich mich jederzeit bei ihr melden konnte.

Wahrscheinlich suchte sie einfach nur einen Grund, um selbst die Gelegenheit zu haben, den sagenhaften Élysée-Palast von innen zu sehen.

Im nächsten Augenblick fuhr eine weitere Limousine vor, gefolgt von mehreren Polizeiautos. Ich runzelte die Stirn.

War hier ein Limousinentreffen anberaumt worden? Eine Versammlung der elitären Schicht von Frankreich?

»Es tut mir sehr leid, aber ich muss leider noch einen weiteren Termin wahrnehmen. Als Präsident hat man permanent einen vollen Kalender.« Pierre Dupont warf mir einen entschuldigenden Blick zu und zuckte bedauernd mit den Schultern.

»Cem, bringst du Mila und meinen Sohn bitte schon mal in den Palast? Ich komme nach. Es wird spät werden.«

Der Bodyguard nickte. »Selbstverständlich, *Monsieur le Président.*«

»Cem, wie oft habe ich dir schon gesagt, dass du mich nicht so förmlich anzusprechen brauchst. Du gehörst zur Familie.« Der

Präsident legte dem Bodyguard in einer nahezu freundschaftlichen Geste die Hand auf die Schulter und sah anschließend geschäftig auf seine Uhr.

»Wie Sie wünschen«, antwortete Cem mit einem aufrichtigen Nicken.

Mittlerweile war ein weiterer Bodyguard mit Sonnenbrille, schwarzer Kleidung und Headset aus der anderen Limousine gestiegen.

Pierre Dupont winkte uns noch einmal zu und wurde von dem Securitymann zu der Limousine dirigiert, während Polizeibeamte den Präsidenten sicher im Blick behielten.

Erst als das Staatsoberhaupt im Inneren des Wagens verschwunden war, schienen sich die anwesenden Sicherheitskräfte zu entspannen. Man las ja immer wieder, dass Staatsoberhäupter Opfer von Attentaten wurden …

Louis folgte meinem Blick. Als hätte er meine Gedanken erraten, sagte er: »Keine Sorge. Die Limo ist gepanzert und verfügt über diverse Sicherheitssysteme. Da kommt so schnell keine Kugel durch.«

Mir lief es eiskalt den Rücken hinunter. Plötzlich war ich äußerst dankbar für das stinknormale, fast schon langweilige Leben meiner Mutter und mir. Kackende Tauben in Kakaowolken waren im Vergleich dazu ja eher harmlos …

Nachdem mein Gepäck in dem ausladenden Kofferraum verstaut worden war (der gefühlt größer war als unsere Wohnung in München!), fuhr der Wagen langsam an. Geschmeidig lenkte Cem das Gefährt durch den dichten Verkehr von Paris.

Ich klebte mit meinem Gesicht förmlich an der getönten Fensterscheibe und konnte meine kindliche Freude vor Louis, der mir gegenübersaß, nicht verbergen.

Ich erspähte edel aussehende Boutiquen, Patisserien, Schmuckgeschäfte und jede Menge Touristen. Prompt musste ich an die Netflix-Serie *Emily in Paris* denken. Liz und ich hatten sie regelrecht durchgesuchtet. Ob ich wohl auch so ein romantisches Abenteuer wie Emily erleben würde?

Ich musterte Louis möglichst unauffällig. Er hatte durchaus eine gewisse Ähnlichkeit mit dem schnuckeligen Gabriel aus der Netflix-Serie, wenngleich der Sohn des Präsidenten mindestens zehn Jahre jünger war.

Mein Blick schweifte wieder aus dem Fenster.

Obwohl auch die Innenausstattung der Limousine nicht zu verachten war – die Verkleidung war mit Leder ausgeschlagen, die Sitze klimatisiert und mit Massagefunktion –, hatte ich nur Augen für das Treiben auf den Straßen, die von Leben und Musik erfüllt waren.

In weiter Ferne funkelte der Eiffelturm im Licht der untergehenden Abendsonne wie ein Diamant am Horizont. Ich konnte mich gar nicht sattsehen und Aufregung pulsierte in meinen Adern, gemischt mit Vorfreude und Neugier. Die neuen Eindrücke prasselten auf mich ein und hinterließen eine wahre Palette an bunten Bildern.

»Wie wunderschön«, hauchte ich.

Ich wandte meinen Blick Louis zu. Überrascht stellte ich fest, dass dieser mich mit einem Lächeln im Gesicht betrachtete. Ein zaghaftes Flattern machte sich in meiner Magengegend bemerkbar.

Wir kamen an einer roten Ampel zum Stehen. Eine Horde Mädchen rannte kreischend auf unsere Limousine zu. Wie verrückt klopften sie gegen die Scheibe und winkten uns zu.

»We love you!«, schrien sie mehrmals hintereinander. Sie konnten uns durch die dunklen Scheiben zwar unmöglich sehen, trotzdem wich ich vor den vielen Fratzen zurück.

»Meinen die uns?«, fragte ich verblüfft. »Ich wusste nicht, dass du so viele Fans hast.«

Louis lachte.

»Da muss ich dich leider enttäuschen. Shawn Mendes ist anlässlich eines Konzerts in Paris«, sagte er. »Wahrscheinlich denken sie, dass er hier drinsitzt. Die Limousine fährt gerade nicht offiziell unter der französischen Flagge.«

Jetzt fielen mir auch die bunten T-Shirts der Mädchen auf, von denen mir Shawn Mendes entgegenlächelte. Ich entdeckte ein Mädchen, das sich seinen Namen quer über das Gesicht geschrieben hatte. Ich war gespannt, wie sie sich das wieder abschrubben wollte ...

Plötzlich glitzerten Louis' Augen unheilvoll, als wäre ihm soeben eine Idee gekommen. Er drehte sich zu der Fahrerkabine in seinem Rücken um und klopfte gegen die Trennwand.

»Ey, Cem.«

Sogleich wurde die Abtrennung heruntergefahren und der Bodyguard blickte Louis aus dem Rückspiegel entgegen. Die schwarze Sonnenbrille ließ er tief auf seine Nase rutschen.

»Was gibt's, Lou?«

»Lass bitte mal das Fenster hinten ein Stück herunter.«

»Lou, du weißt ganz genau, dass ich das aus Sicherheitsgründen nicht darf. Es ist meine Aufgabe, dich wohlbehalten von A nach B zu bringen. Dein Vater würde es nicht dulden, wenn ...«

»Mein Vater ist jetzt aber nicht hier«, unterbrach Louis den Bodyguard genervt. »Also? Du bist doch sonst nicht so ein Spielverderber.«

Und dann schob Louis noch einen Satz hinterher, den ich überhaupt nicht verstand.

»*Pourquoi en faire tout un fromage?*«

Ich stutzte. War *fromage* nicht die französische Bezeichnung für Käse? Was wollte Louis damit ausdrücken? Dass sein Bodyguard keinen Käse zu machen brauchte? Hä?

Klasse, ich war eben erst in Paris angekommen und konnte schon den Google-Übersetzer befragen. Wahrscheinlich würde der in den kommenden Wochen zu meinem neuen besten Freund werden. Möglichst unauffällig tippte ich den Satz in mein Handy.

Derweil schien Cem mit sich zu ringen, dann seufzte er schwer.

»Verrätst du mir noch mal, warum ich mich ausgerechnet dazu entschieden habe, der französischen Präsidentenfamilie zu dienen? Ich habe vorhin bereits mein erstes graues Haar entdeckt! Das ist alles nur stressbedingt!«

Vor sich hin murmelnd schob er sich die Sonnenbrille zurück auf die Nase. »Du bringst mich noch in Teufels Küche.«

Mit diesen Worten fuhr er die Trennwand kommentarlos wieder nach oben.

Mittlerweile hatte mein Handy auch eine Übersetzung ausgespuckt. Leider kam ich dabei auf das Lautsprecher-Symbol, sodass die Stimme des Google-Übersetzers (die nebenbei erwähnt so monoton war, dass sie der Wirkung einer Schlaftablette durchaus Konkurrenz machte!) durch die Limousine hallte.

»Warum alles zu Käse machen?«

Louis sah mich verwirrt an und Hitze schoss in meine Wangen. Toll, jetzt war ich genauso schlau wie vorher, jedoch mit dem kleinen Unterschied, dass ich meine Ahnungslosigkeit nicht mehr verbergen konnte.

»Was bedeutet das, was du eben zu Cem gesagt hast?«, fragte ich verlegen. »*Pourquoi en faire tout un fromage?*«

Auf einmal lachte Louis lauthals los. »Es ist eine französische Redewendung. Ich wollte damit ausdrücken, dass Cem kein großes Drama aus der Sache zu machen braucht.«

Entgeistert sah ich Louis an. Allerdings nicht wegen der fragwürdigen Käse-Redewendung, sondern aufgrund der Tatsache, dass Louis mir soeben in fast akzentfreiem Deutsch geantwortet hatte. Dabei fiel mir auch wieder ein, dass sowohl Louis als auch alle anderen um ihn herum seinen Vornamen deutsch aussprachen. Das hätte mich sowieso schon vorher stutzig machen sollen.

»Warum kannst du so gut Deutsch?«, wollte ich wissen. »Und wieso klingt dein Name nicht französisch?«

»Meine Mutter stammt gebürtig aus der Nähe von Köln. Und da sie ihre deutschen Wurzeln nicht links liegen lassen wollte, haben mein Vater und sie entschieden, bei meinem Namen die französische Schreibweise beizubehalten, ihn aber deutsch auszusprechen. Ich bin zweisprachig aufgewachsen. Allerdings war ich immer zu faul, Vokabeln zu lernen. Die deutsche Sprache ist wirklich kompliziert. Ich verstehe sie ganz gut, finde aber nicht immer die richtigen Wörter.«

»Ach, und das hättest du nicht früher erwähnen können, bevor ich mir hier einen auf Französisch abstottere?«, fragte ich pikiert.

Auch wenn die Tatsache, dass Louis zweisprachig aufgewachsen war, unsere Kommunikation erheblich vereinfachen würde, hätte er ruhig mal etwas eher mit dieser Information herausrücken können!

Louis grinste bloß. »Ich mag deinen deutschen Akzent, wenn du Französisch sprichst. Das klingt total süß.«

Mir fehlten die Worte. Dieser … dieser Charmeur! Das hatte er doch mit purer Absicht gemacht!

Eine Sekunde später sprang die Ampel auf Grün und Cem gab Gas, gleichzeitig ließ er die Scheibe unseres Fensters ein Stück nach unten fahren.

Louis streckte seine Hand aus der Limousine und winkte der kreischenden Menge huldvoll zu.

Das Geschrei schwoll auf eine ohrenbetäubende Lautstärke an. Die Mädchen schienen echt zu denken, dass niemand Geringeres als Shawn Mendes im Wagen saß.

Ich tat es Louis gleich und winkte ebenfalls. In diesem Moment kam ich mir ein bisschen besonders vor. Wichtig. Ein berauschendes Gefühl strömte durch meine Adern.

Louis grinste. »Funktioniert jedes Mal.«

Plötzlich flog etwas durchs Fenster, und gleich darauf hielt Louis etwas in der Hand, das verdächtig nach einem BH aussah.

Mit spitzen Fingern hielt er den Hauch von Nichts in die Höhe. »Ist nicht so ganz mein Stil. Deiner?«

Mir war die Situation so unangenehm, dass ich überhaupt nicht wusste, wo ich hinschauen sollte.

Prompt musste ich an Charlottes gehässige Worte denken, die sie einst im Sportunterricht ihrer besten Freundin Tami zugeraunt hatte.

»Sieh dir mal die Erbsen an.«

Ein Stich durchfuhr mich. Es verunsicherte mich, dass die anderen Mädchen in meinem Alter bereits Brüste hatten, während ich in etwa so flach wie ein Brett war. Wozu also einen BH tragen?

Verlegen verschränkte ich die Arme vor meinem Oberkörper.

Louis schien bemerkt zu haben, dass er einen wunden Punkt bei mir getroffen hatte, denn er ruderte hastig zurück.

»Sorry, das war blöd. Ich wollte dich nicht in Verlegenheit bringen«, sagte er.

Er machte ein entschuldigendes Gesicht, stopfte den dünnen Stoff in die Ritzen zwischen das Lederpolster und schenkte dem BH keine weitere Beachtung.

Eine blonde Haarsträhne fiel ihm neckisch über das linke Auge.

Wie alt er wohl war? Ich schätzte ihn etwas älter als mich, vielleicht fünfzehn. Ob Louis eine Freundin hatte? Er war irgendwie süß …

Glücklicherweise tat er so, als wäre der peinliche BH-Vorfall nie passiert. Mit seinem Finger zeichnete er einen Haken in die Luft.

»Sich einmal wie ein Popstar fühlen – Check«, sagte er und grinste mich an. Ich entspannte mich allmählich wieder und lächelte zurück.

KAPITEL 10

Einmal Fettnäpfchen zum Mitnehmen, bitte!

Wir bogen auf die Rue du Faubourg Saint-Honoré.

»Und, bist du bereit?«, fragte Louis.

»Bereit für *was*?«, hatte ich eigentlich sagen wollen, doch mir blieb das Wort im Hals stecken, als unsere Limousine auf ein hohes Portal in Form des Triumphbogens zuhielt, das von mächtigen Säulen flankiert wurde.

Wachsoldaten hatten sich vor dem Portal postiert.

»Das ist die Republikanische Garde«, erläuterte Louis und ich ließ meine Augen ehrfürchtig über die Männer in Uniform in den Farben der französischen Flagge – Blau, Weiß, Rot – gleiten, die keine Miene verzogen.

»Die gehen zum Lachen auch in den Keller, oder?«, rutschte es mir raus, doch gleich darauf bereute ich meine lockere Zunge. Schließlich ging es hier um die Sicherheit des Präsidenten.

Louis bedachte mich aber bloß mit einem amüsierten Blick. »Ich persönlich finde die vierhundert Mann, die für unsere Sicherheit zuständig sind, auch etwas übertrieben, aber mich fragt ja keiner. Und da sind unsere Personenschützer noch nicht mal eingerechnet.«

Er zuckte mit den Schultern, während meine Kinnlade nach unten klappte.

»Vierhundert Mann?!«

Louis nickte.

Dieser Schüleraustausch versprach anders zu werden, als ich es mir ausgemalt hatte. Meine Vorstellungen, mit meiner »Gastschwester« unbeschwert die Sehenswürdigkeiten von Paris zu erkunden, zerplatzten spätestens beim Anblick der zahlreichen Sicherheitskräfte wie eine Seifenblase im Wind.

Das schwarze Tor schwang wie von Geisterhand auf. Die Wachmänner salutierten und ließen uns passieren.

Das Portal öffnete sich auf einen großen Innenhof, der von einem imposanten Gebäude eingeschlossen wurde, und unsere Limousine fuhr über eine geschotterte Piste.

Die Buchsbäume, die in weißen Kästen an der Außenfassade standen, waren so akkurat geschnitten, dass man hätte meinen können, sie wären mit einer Nagelschere bearbeitet worden.

Ich schluckte und war plötzlich komplett eingeschüchtert. Auf so etwas war ich nicht vorbereitet gewesen. Ob es beim französischen Präsidenten wohl auch eine besondere Etikette oder Benimmregeln gab? Vielleicht sollte ich mir schleunigst einen Knigge-Ratgeber besorgen.

Zumal es sich jetzt rächte, dass ich dem Politikunterricht immer so wenig Aufmerksamkeit geschenkt hatte. Ob der Präsident wusste, dass er sich mit mir eine Austauschschülerin ins Haus geholt hatte, die keinen blassen Schimmer von Politik hatte? Dieses Fach hatte neben Geschichte und Religion immer zu meinen absoluten Hassfächern gezählt.

Verdammt.

Hoffentlich konnte Liz mir später einen kurzen Crashkurs geben, denn im Gegensatz zu mir besaß sie ein geradezu fotografisches Gedächtnis und ratterte einem Jahreszahlen und Daten wie im Schlaf herunter. Sicherlich konnte sie mir auch schnell ein paar wichtige Infos über den Präsidenten und seine Familie mitteilen, ohne dass ich mich einmal quer durch Wikipedia wälzen musste.

Der Palast hatte Ähnlichkeit mit einem Schloss und ich kam mir unwillkürlich vor wie eine Prinzessin. Wie passend, dass Louis mir keine drei Sekunden später erklärte, dass der Palast auch oft als »le Château«, das Schloss, bezeichnet wurde.

Ich stellte mir vor, wie hier zu besonderen Anlässen hochrangige Staatsgäste und Minister mit ihren Wagen vorfuhren und vom Präsidenten in Empfang genommen wurden. Ob dann auch noch ein roter Teppich ausgerollt wurde?

Langsam kam unser Wagen zum Stehen und hielt vor einer breiten Treppe, auf der ebenfalls einige Wachleute standen und uns bereits zu erwarten schienen.

Kaum waren die Räder zum Stillstand gekommen, öffnete der Bodyguard uns die Tür und ich rutschte über das weiche Leder der Limousine.

Nachdem ich ausgestiegen war, ließ ich meinen Blick staunend über den pompösen, historischen Palast schweifen. Flaggen in den Farben Frankreichs und der Europäischen Union flatterten im sommerlichen Abendwind.

Hier befand sich also das Zentrum Frankreichs.

Meine Mutter würde Bauklötze staunen, wenn ich ihr das erzählte.

Das glaubte mir doch kein Mensch. Solche abstrusen Verwechslungsgeschichten gab es vielleicht im Fernsehen oder in Büchern, aber doch nicht in meinem Leben. Und dennoch war ausgerechnet ich in solch einer Geschichte gelandet. Es blieb abzuwarten, ob sie sich als waschechtes Drama oder als aberwitzige Komödie entpuppen würde.

Der Bodyguard lud mein Gepäck aus und streckte mir dann

seine Hand entgegen. »Du kannst mich übrigens auch Cem nennen. Herzlich willkommen.«

Sogleich kam ein schmächtiger Mann – vermutlich ein weiterer Angestellter des Palastes – geschmeidig die Treppen nach unten gelaufen und griff nach meinem Koffer.

»Mademoiselle, wenn ich Ihnen mit Ihrem Gepäck behilflich sein darf?« Er wartete gar nicht erst auf eine Antwort, sondern nahm meinen Koffer bereits an sich.

»Ähm, d-d-danke, also ich meinte, *merci*«, stotterte ich überfordert. Der Angestellte drehte sich noch einmal zu mir um und sah mich abwartend an. Mist, er schien mir eine Frage gestellt zu haben, die ich in meiner Nervosität nicht mitbekommen hatte. Ich traute mich jedoch nicht nachzuhaken.

Vielleicht erwartete er Trinkgeld? War das in Hotels nicht auch so?

Ich kramte in meiner Hosentasche nach etwas Kleingeld und fand zu meiner Freude noch ein paar Cent. Mit einem breiten Lächeln drückte ich diese dem Mann in die Hand. »*Merci beaucoup.*«

Der Mann blickte völlig verblüfft zwischen mir und dem Geld hin und her. Er zog ein Gesicht, als hätte ich ihm Hundescheiße angeboten. Er lächelte etwas gequält, bevor er sich schließlich von mir abwandte und mit meinem Koffer die Stufen zum Palast erklomm.

Mich beschlich das ungute Gefühl, dass er womöglich doch nicht nach Trinkgeld gefragt hatte, und ich kam mir äußerst dämlich vor.

Ein Blick in Louis' und Cems belustigte Gesichter bestätigte meine Vermutung.

»Äh, habe ich etwas falsch gemacht?«

Louis schien sich das Lachen nur schwer verkneifen zu können, in seinen eisblauen Augen funkelte der Schalk. Ein Prusten perlte von Cems Lippen, aber nur kurz, dann hatte der Bodyguard wieder die üblich professionelle Haltung eingenommen und strich über seinen Anzug. Seine Mundwinkel hatten jedoch ein Eigenleben entwickelt und zuckten ununterbrochen.

»Nun ja, eigentlich wollte François nur wissen, ob er das Gepäck in dein Zimmer bringen soll«, klärte Louis mich amüsiert auf.

»Oh.« Ich blickte ziemlich dumm aus der Wäsche. Erdboden, tu dich auf. Wo war das Loch zum Verkriechen, wenn man es dringend brauchte? Ich würde durchaus auch mit einer Kakaowolke vorliebnehmen, die mich einfach verschluckte.

»Ich bringe den Wagen noch zum Fuhrpark zurück«, ließ Cem uns wissen. Der Bodyguard wechselte einen letzten belustigten Blick mit seinem Schützling, bevor er wieder in der Dunkelheit der Limousine abtauchte.

Ich hob die Augenbrauen und sah den Sohn des Präsidenten an. »Fuhrpark? Wie viele Autos hat dein Vater denn?«

»Einige«, antwortete er ausweichend. »Er besitzt etliche Staatskarossen für sämtliche Anlässe.«

In mir keimte mehr und mehr der leise Verdacht auf, dass ich in einer komplett anderen Welt gelandet war. Eine Welt, in die eine tollpatschige Mila Kornblum nicht sonderlich gut hineinpasste.

Glücklicherweise verscheuchte Louis mit seiner unbeschwerten Art meine Unsicherheit vorerst und ließ mir keine Zeit, mir weiter Gedanken zu machen.

»Na komm, ich zeige dir erst mal dein Zimmer.«

Wir stiegen die Stufen zum Palast hinauf. Doch wenn ich geglaubt hatte, dass ich einfach so in den Amtssitz des französischen Präsidenten hineinspazieren könnte – Pustekuchen! Denn bevor ich auch nur in die Nähe der heiligen Hallen kam, musste ich es erst noch mit einer Sicherheitsschleuse aufnehmen. Bei meinem Glück rechnete ich damit, dass der Alarm losging, doch zu meinem Erstaunen blieb alles ruhig.

Wie ich von Louis erfuhr, war der Élysée-Palast mit seinem aufgestellten Wachpersonal, den zahlreichen Überwachungskameras und der Sicherheitsschleuse am Eingang eines der bestbewachten Gebäude Frankreichs.

Zig Personen kamen uns entgegen und grüßten uns, was Louis stets mit einem höflichen »Salut« erwiderte.

Meine Schritte hallten laut auf dem weißen Marmor. Wo ich hinblickte, erspähte ich prunkvolle Kronleuchter an den Decken, goldverzierte Säulen und sehr wertvoll aussehende Möbelstücke.

Alles in diesem Palast strahlte Geld, Macht und puren Luxus aus, die klassische Fassade von außen war lediglich eine Täuschung.

»Wie viele Zimmer gibt es hier?«, erkundigte ich mich.

»Dreihundertfünfundsechzig« antwortete Louis. »In einigen von ihnen sind unter anderem Berater meines Vaters untergebracht. Hier arbeiten bis zu achthundert Menschen.«

Ich verschluckte mich fast an meiner eigenen Spucke, da ich mir das nicht einmal im Traum vorstellen konnte. Ob ich Louis anvertrauen sollte, dass die einzigen Mitbewohner, die Ma und ich seit Jahren hatten, ein paar Silberfische waren?

»Hast du Hunger?«, fragte er. »Wir könnten uns aus der Küche noch etwas holen.«

»Nein, danke.« Ich hatte während der Busfahrt von München nach Paris bereits drei Sandwiches verdrückt und war dementsprechend satt. Von den zahlreichen Gummibärchen ganz zu schweigen.

Ich schulterte meinen Rucksack und folgte Louis eine mit rotem Teppich ausgelegte Treppe nach oben. Als ich aus einem der Fenster blickte, erspähte ich einen weiteren Schwarm aus Sicherheitskräften.

»Ich kann nicht glauben, wie viele Wachen ihr habt«, sagte ich und blies die Wangen auf.

»Als Präsident bist du gefangen im Palast. Mein Vater kann nicht einfach hingehen, wo er will. Aber er wusste, worauf er sich einlässt. Das ist der Preis, den er als Staatsoberhaupt zahlen muss. Die Sicherheitskräfte nehmen einem jede Freiheit. Ich kann froh sein, dass ich Cem habe. Er ist mehr ein Freund als ein Leibwächter.«

»Also ist Cem dein Bodyguard, nicht der von deinem Vater?«

»Könnte man so sagen, ja.«

»Mich wundert's, dass dein Vater diesem Austausch überhaupt zugestimmt hat. Vielleicht bin ich in Wahrheit ja eine Spionin. Oder Geheimagentin«, witzelte ich und versuchte, die Stimmung etwas aufzulockern.

Mir entging nicht Louis' merkwürdiger Gesichtsausdruck. »Nun ja …«, sagte er gedehnt und kratzte sich verlegen am Hinterkopf.

Ein mulmiges Gefühl breitete sich in meiner Magengegend aus.

»Was heißt denn ›Nun ja‹?«, äffte ich ihn nach, blieb stehen und stemmte erwartungsvoll die Hände in die Hüften.

»Ehrlich gesagt war mein Vater nur unter einer Bedingung mit dem Schüleraustausch einverstanden …«, setzte Louis an. Er fühlte sich sichtlich unwohl in seiner Haut.

»Die da wäre?«, wollte ich wissen. Mein Gott, musste ich ihm jetzt jedes einzelne Wort aus der Nase ziehen?

»Mein Vater hat Erkundigungen über dich einholen lassen.«

»Ja, genau.« Spöttisch tippte ich mir an die Stirn, doch zu meiner Verwunderung sagte Louis nichts.

Ich war sprachlos. Das … das konnte er doch nicht wirklich

ernst gemeint haben, oder? Schließlich befand ich mich hier nicht in einem James-Bond-Film!

Ich studierte eingehend sein Gesicht.

»Du nimmst mich auf den Arm, oder?«, fragte ich misstrauisch.

Louis holte tief Luft.

»Deine beste Freundin heißt Elisabeth Hagelstein, kurz genannt Liz. Du lebst mit deiner Mutter Cornelia beziehungsweise Conni, die als Floristin arbeitet, in einer Mietwohnung in München. Du hast eine Tante, die Claudi, eigentlich Claudia, heißt. Du bist allergisch gegen Pollen und deine Lieblingsfarbe ist Türkis. Um dir dein Taschengeld aufzubessern, gibst du Nachhilfe. Du bist Klassenbeste in Französisch. Du liebst Erdbeeren und hasst Brokkoli. Als du sechs Jahre alt warst, wurdest du am Blinddarm operiert ...«, ratterte er herunter, als hätte er es auswendig gelernt.

Mittlerweile stand mein Mund sperrangelweit offen.

All das, was Louis da soeben aufgezählt hatte, waren keine Dinge, die er mal eben bei Facebook oder Instagram hätte finden können. Was bedeutete ...

»Ihr habt mich tatsächlich ausspioniert?!« Meine Stimme klang seltsam schrill und verzerrt in meinen Ohren und hallte unangenehm von den mit Blattgold überzogenen Wänden wider.

Wie zur Hölle waren sie an diese Informationen gelangt?

Vor lauter Schreck musste ich mich am Treppengeländer festhalten, da es mich heute sonst ein zweites Mal von den Füßen gerissen hätte.

O Gott, dann wussten sie sicherlich, dass ich in Politik eine absolute Niete war. Ob sie mich auch bei meinen Gesprächen mit Liz abgehört hatten? All unsere peinlichen, albernen Momente? Unsere tiefsinnigen Gespräche über Jungs, die Erdbeerwoche und doofe Lehrer?

Mir wurde schlecht, gleichzeitig durchfuhr es mich heiß und kalt.

Wussten Louis und der Präsident dann etwa auch von meiner fragwürdigen Gabe? Von dem Schokoladen-Grimoire? Den seltsamen Kakaobildern? Aber wie sollte das möglich sein, wenn ich selbst erst vor Kurzem davon erfahren hatte? Und immer noch keinen blassen Schimmer hatte, was mit mir vor sich ging?

O. Mein. Gott.

Als hätte Louis meine Gedanken gelesen, sagte er: »Von deiner Schokoladenphobie hatte ich allerdings keine Ahnung, die war mir neu.«

Er grinste so frech, dass ich ihm um ein Haar eine geschmiert hätte.

»Das ... das verstößt sicherlich gegen die Menschenrechte. Gegen alle möglichen Rechte. Das dürft ihr nicht. Ich werde mich an Amnesty International wenden!«, kreischte ich hysterisch.

»Jetzt übertreibst du aber«, meinte Louis. »Wir haben nur ein wenig Recherche betrieben.«

»Woher habt ihr all diese Informationen?«, verlangte ich zu wissen.

Louis zuckte entschuldigend mit den Schultern. »Das weiß ich selbst nicht. Aber mein Vater hat da so seine Quellen. Immerhin ist er der Präsident von Frankreich.«

Ich starrte ihn an.

»Was für Quellen bitte? Versteckte Kameras? Wanzen in Kuscheltieren?« Meine Stimme hatte einen sarkastischen Tonfall angenommen. Dann fiel mir auf, dass ich Louis somit verraten hatte, dass ich noch immer Kuscheltiere besaß.

Er schrumpfte unter meinem eisigen Blick merklich in sich zusammen.

»Nein. Andere Quellen ... halt«, nuschelte er unverständlich und seine Nasenspitze nahm vor Verlegenheit einen roten Schimmer an. Wäre ich nicht so sauer gewesen, dass ich Louis am liebsten geradewegs zum Jupiter befördert hätte, dann hätte ich ihn in diesem Augenblick vielleicht sogar sehr niedlich gefunden.

Ich straffte meine Schultern und stapfte wütend und so ladylike wie ein Nilpferd die Stufen hoch, bis ich den oberen Treppenabsatz erreicht hatte und mir peinlich berührt einfiel, dass ich ja gar nicht wusste, wohin ich eigentlich ging. Also drosselte ich mein Tempo und wartete mehr oder weniger bereitwillig darauf, dass Louis mich einholte.

Kaum hatte er mir schließlich mein »Zimmer« gezeigt, verpuffte mein Ärger ein wenig, denn ich konnte mich nur noch mit dem befassen, was sich vor mir offenbarte.

»Was zum …?«

Vor mir erstreckte sich ein Gemach, das einer waschechten Prinzessin würdig gewesen wäre. Ein gigantisches Himmelbett stand in der Mitte des Zimmers, daneben mein knallig türkisfarbener Koffer.

»Gefällt es dir?«, fragte Louis so vorsichtig, als hätte er Sorge, ich könnte ihm den Kopf abreißen.

»Es ist wunderschön«, hauchte ich und meinte es auch so.

Ein Lächeln zeichnete sich auf Louis' Gesicht ab. »Falls etwas sein sollte, mein Zimmer ist nur drei Räume weiter auf diesem Korridor.«

Kurz bevor er mein Zimmer verließ, drehte er sich noch einmal um.

»Mila?«

»Ja?«

»Es tut mir leid«, sagte er leise und machte ein trauriges Gesicht. »Ich weiß, dass es nicht die feine Art ist, seinen Gast zu beschatten. Aber es war für mich die einzige Möglichkeit, an diesem Austausch teilzunehmen.«

Meine Kehle war auf einmal staubtrocken.

Louis zögerte. »Ich wollte mich einfach mal wieder wie ein ganz normaler Junge fühlen.« Die Worte kamen flüsternd über seine Lippen, sodass ich Mühe hatte, sie zu verstehen.

»Schon gut«, lenkte ich ein und rang mir ein Lächeln ab. »Mach dir keine Sorgen mehr darüber.«

Erleichterung legte sich auf sein hübsches Gesicht und selbst von hier aus konnte ich erkennen, wie das strahlende Glitzern in seine blauen Augen zurückkehrte.

»*Bonne nuit*, Mila. Schlaf gut.« Seine Worte klangen wie flüssiger Honig und sandten mir einen Schauer über den Rücken.

Dann schloss er die Tür hinter sich.

KAPITEL 11

Die Sache mit den Bienen und den Blümchen

Nachdem ich mein neues Zimmer ausgiebig inspiziert und mit Entzücken festgestellt hatte, dass ich sogar ein eigenes Bad und Ankleidezimmer besaß, stand ich etwas unschlüssig mitten im Raum. Mein Blick fiel in den bodentiefen Spiegel, der sich links vom Himmelbett an der Wand befand.

Nachdenklich sah mir mein eigenes Spiegelbild aus grünbraunen Augen entgegen. Eine einzelne Haarsträhne hatte sich aus meinem Zopf gelöst und hing mir frech in die Stirn. Ich betrachtete mein T-Shirt und die blaue Jeans. Ich sah absolut *durchschnittlich* aus.

Wenn ich gewusst hätte, dass meine Austauschfamilie keine geringere als die des französischen Präsidenten war, dann wäre ich mit Ma vermutlich vorher noch mal shoppen gegangen. Tja, dafür war es wohl zu spät.

Ich kniff mir in die Wange, um mich selbst davon zu überzeugen, dass das hier alles wirklich passierte und ich nicht einfach nur träumte.

Nein, der Schmerz fühlte sich echt an.

Völlig aufgekratzt rief ich Ma an, doch es meldete sich nur die Mailbox mit der Ansage: »Hallo, ich sitze gerade in der Badewanne. Wenn das Wasser kalt ist, rufe ich vielleicht zurück.«

Wer weiß, wo sie noch steckte, also schickte ich ihr eine kurze Zusammenfassung der heutigen Ereignisse, angefangen bei der plötzlichen Verwandlung von Lou zu Louis über den französischen Präsidenten bis hin zum Élysée-Palast, und im Anschluss direkt noch ein paar Fotos von meinem edlen Gemach, auch wenn das bestimmt verboten war.

Und ich musste mit Liz reden, unbedingt. Als hätte sie geahnt, dass ich an sie dachte, klingelte prompt mein Handy. Wenn das mal nicht Gedankenübertragung war!

Ich drückte auf den grünen Hörer und warf mich bäuchlings auf das himmelweiche, federnde Bett. Daran könnte ich mich durchaus gewöhnen ...

»Königlicher Zimmerservice, was kann ich für Sie tun?«, begrüßte ich meine beste Freundin, die sich an meiner Redewendung nicht einmal störte.

»Einen Jet nach Hause zaubern«, jammerte Liz sogleich. »Ich habe leider eine von Cinderellas garstigen Stiefschwestern abbekommen.«

»Wieso, was ist passiert?«, fragte ich mitfühlend.

Binnen weniger Minuten hatte Liz mir von ihrem desaströsen Abend erzählt. Allem Anschein nach schien ihre Gastschwester eine Megazicke zu sein, die sich laut Aussage von Liz für nichts anderes als Schminke, Klamotten, Jungs und sich selbst zu interessieren schien.

»Ophelia de La Fontaine, wenn ich das schon höre. Und wenn die Ziege noch einmal das Wort *magnifique* in den Mund nimmt, schreie ich«, schnaubte Liz. »Sie ist das Abbild ihrer Mutter. Na ja, irgendwo muss Ophelia es ja herhaben. Und ihr Vater ist so ein großer Guru in der Mode- und Kosmetikbranche, was Ophelia mir ungefähr alle fünf Minuten aufs Butterbrot schmiert.«

Liz verstummte und seufzte tief. »Da haben wir beide uns vorher so gefreut, dass Charlotte und Tami nicht am Schüleraustausch teilnehmen, und jetzt habe ich die französische Version von den beiden an der Backe. Na ja, wenigstens gibt es noch Emma.«

»Wer ist denn Emma?«, hakte ich nach.

»Das ist die Oma. Die ist ausnahmsweise echt locker drauf und nicht so etepetete wie der Rest ihrer Familie. Und sie hat sogar eine Nähmaschine, die ich zum Schneidern benutzen darf. Damit kann ich mir die Zeit hier wenigstens etwas versüßen. Hast du schon gehört, dass die Saint-Clément zum Abschluss des Schuljahres einen Sommerball veranstaltet, bei dem unsere Klasse auch eingeladen ist? So einer, wo man sich richtig auftakeln muss? Ophelia redet von nichts anderem.«

O Gott, was sollte ich da bloß anziehen? Ich hatte nichts außer T-Shirts und Jeans mit!

»Keine Sorge, ich überleg mir was Cooles für uns«, sagte Liz, bevor ich überhaupt etwas hätte erwidern können. »Aber nun zu dir. Wie ist deine Gastschwester so?«

»Männlicher, als ich dachte«, entgegnete ich trocken, und sogleich tauchten Louis' unwahrscheinlich blaue Augen vor mir auf. In meinem Bauch kribbelte es leicht und ein Lächeln schlich sich auf meine Lippen.

»Hä?«, fragte Liz verständnislos. »Wie muss ich das denn jetzt verstehen? Hat sie etwa einen Damenbart?«

Bei der Vorstellung von Louis mit einem Schnauzer musste ich kichern.

Als ich schließlich mit der Wahrheit herausrückte und Liz von der unfreiwilligen Verwechslung, der Präsidentenfamilie und dem Palast erzählte, herrschte Stille am anderen Ende der Leitung. Ich fühlte mich etwas schlecht dabei, denn offensichtlich hatte ich es mit meiner Gastfamilie weitaus besser angetroffen als Liz.

Zuerst dachte ich schon, die Verbindung wäre abgebrochen, doch im nächsten Moment brach ein Sturm aus Kreischen, wirrem Gestammel und unzähligen Fragen über mich herein.

»Wie krass ist das denn?! Du musst mich unbedingt mal mit in den Palast nehmen und mich Louis und seinem Vater vorstellen!«

»Oh, keine Sorge, sie kennen dich bereits. Genau genommen kennen sie meinen ganzen Lebenslauf.«

»Wissen sie etwa auch von deiner Kakaogabe?« Sorge hatte sich in Liz' Stimme geschlichen.

Ich zuckte mit den Schultern, bis mir einfiel, dass Liz das ja nicht sehen konnte.

»Ich glaube nicht.« Ich seufzte theatralisch. »Allerdings könnte es etwas schwierig werden, mein Talent«, ich betonte das Wort übertrieben, »geheim zu halten, denn offensichtlich hat Louis eine Schwäche für Schokolade.«

»Dann würde ich mir schon mal eine Nasenklammer zulegen«, erwiderte Liz ungerührt.

Ich lachte.

»Sag mal, Liz, kannst du mir noch ein kurzes Update zum französischen Präsidenten geben? Ich möchte mich ungern bis auf die Knochen blamieren.« (Wobei ich das ja schon erfolgreich getan hatte.)

»Lass mal überlegen. Also: Der französische Präsident wird direkt vom Volk gewählt. Seit 1962, glaube ich. Er hat eigenständige Kompetenzen, zum Beispiel ernennt er den Premierminister und auf dessen Vorschlag die Regierung. Zudem führt er den Vorsitz im Ministerrat und in anderen wichtigen Gremien. Er befehligt die französischen Streitkräfte, kann die Na-

tionalversammlung auflösen und verkündet Gesetze«, kam Liz'
Antwort wie aus der Pistole geschossen. »Pierre Dupont, der
jetzige Präsident, ist seit knapp drei Jahren im Amt.«

Auf einmal vernahm ich aufgeregtes Geraschel am anderen
Ende des Hörers.

»Mist, Cinderellas Stiefschwester ist zurück. Ich muss aufle-
gen. Wir hören uns, Mila«, nuschelte Liz hastig. Bevor ich ein
»Gute Nacht« in den Hörer murmeln konnte, hatte Liz bereits
aufgelegt und ein eindringliches Tuten drang an mein Ohr.

»Gute Nacht«, flüsterte ich leise in die Stille hinein. Doch als
ich mein Handy abschalten wollte, um mich selbst schlafen
zu legen, rief meine Mutter zurück. Offensichtlich war sie mit
meiner Tante Claudi auf dem Geburtstag einer gemeinsamen
Freundin und hatte meinen Anruf vorhin angesichts der lauten
Partymusik überhört.

Als sie davon erfuhr, dass sich Lou als Louis entpuppt hatte,
war sie drauf und dran, mir ein Aufklärungsbuch nach Paris
zu schicken. Dabei hatte ich schon zig von diesen Gesprächen
hinter mir, das erste mit zwölf Jahren. Ma hatte immer sehr viel
Wert darauf gelegt, es mir anschaulich zu verklickern. Und als
Floristin war es völlig klar, dass sie total auf dieses Bienen-und-
Blümchen-Dingsbums stand. Der Rest unseres Telefonats hätte durchaus Potenzial für ein Drehbuch gehabt und ich konnte nur hoffen, dass keiner mithörte (hoffentlich spionierte der
Präsident nicht auch jetzt!):

Ich: »Ma, ich bin vierzehn! Was denkst du denn bitte?«

Bei mir war bisher ja nicht mal ein erster Kuss in Aussicht …
Ich ging gedanklich die Typen aus meiner Klasse durch, wovon
der Großteil Jogginghose und schlabbrige T-Shirts mit dämli-
chen Sprüchen trug. In Kombination dazu stelle man sich noch
ein pickeliges Gesicht mit Zahnspange und Mundgeruch vor.

Nicht zu vergessen, dass sie es total lustig fanden, zu furzen oder die Tür zum Lehrerzimmer mit Tesafilm zuzukleben. Da fehlte definitiv was im Oberstübchen. Aber zugegeben, Louis wirkte anders ...

Ma: »Ja eben, vierzehn! Erste Liebe, erste Erfahrungen, Paris, die Stadt der Liebe ... Also, wenn ich da so an meine Erfahrungen mit Torben aus der 8c zurückdenke ...«

Hatte ich eigentlich schon erwähnt, dass meine Mutter einen Hang dazu hatte, bei der Auswahl ihrer Typen ins Fettnäpfchen zu treten? Die Dates, die sie nach meinem Vater, oder besser gesagt, nach meinem Erzeuger mit nach Hause gebracht hatte, waren die reinste Vollkatastrophe gewesen. Viele Griffe ins Klo sozusagen. Daher konnte ich mich auch nicht bremsen, einen sarkastischen Kommentar abzugeben.

Ich: »Na, wenn er so toll wie Stinkefüße-Steffen oder Brabbel-Bertram war, dann erwartet mich ja die ganz große Liebe.«

Dann doch lieber ungeküsst bis in alle Ewigkeit, dachte ich bissig.

Ma: »Es gibt auch noch richtige Prinzen, glaub mir. Manchmal muss man bloß ein bisschen nach ihnen suchen ... Bist du sicher, dass ich dir nicht doch das Aufklärungsbuch zuschicken soll?«

Ich: »Ma!!«

Ich rollte mit den Augen.

Ma: »Ich weiß, dass du gerade dieses Ding mit den Augen machst.«

Ich grinste. Sie kannte mich einfach zu gut.

Ma: »Und, wie sieht er so aus, dein kleiner Prinz?«

Ich: »Erstens ist er kein Prinz und zweitens ist er nicht MEIN Prinz.«

Ma: »Und drittens sieht er gut aus?«

Prompt begann mein Kopf zu glühen. Vermutlich glich ich einem rot leuchtenden, kandierten Apfel. Ich sah das frohlockende Grinsen meiner Mutter förmlich vor mir. Manchmal konnte sie wirklich zu einer Glucke mutieren.

Ich: »Ganz okay.«

Ganz okay war definitiv die Untertreibung des Jahrhunderts. Aber ich musste Ma ja nicht sofort auf die Nase binden, dass Louis keineswegs so hässlich wie Quasimodo war.

Ma: »Also ist er süß. Wie aufregend! Du im Palast des französischen Präsidenten. Das ist besser als jede Aschenputtel-Story.«

Ich: »Danke, dass du mich mit Aschenputtel vergleichst. Wenigstens hast du nicht Miss Piggy gesagt.«

Immer gut zu wissen, wo man stand.

Ma: »Ach, so war das doch gar nicht gemeint, Spätzchen. Für mich bist und bleibst du die Hübscheste von allen. So, jetzt muss ich aber mal nach deiner Tante schauen gehen. Ich glaube, sie hat zu viel von dem Eierlikör getrunken und hängt über der Kloschüssel. Sieht nicht gut aus. Wir telefonieren wieder, okay? Und nur so aus Interesse: Meinst du, der Präsident wäre was für mich?«

Ich: »Ma!!!«

KAPITEL 12

Ich glaub, in der Küche ist ein Cupcake explodiert!

Am nächsten Morgen wurde ich von Sonnenstrahlen und einem unwiderstehlich buttrigen Duft geweckt, der durch jede einzelne Ritze im Palast zu strömen schien.

Davon augenblicklich hellwach, zog ich mir blitzschnell eine Jeans und ein Blümchen-Top über und folgte dem betörenden Geruch. Doch als ich auf dem Gang vor meinem Zimmer stand, hatte ich keine Ahnung, ob ich nach rechts oder links musste. Der Palast war so groß, dass man sich wahrscheinlich selbst nach Monaten noch in diesem Labyrinth aus Gängen verirrte. Als Kind hätte ich sicherlich eine wahre Freude daran gehabt, hier Verstecken zu spielen.

»Auch schon wach?«, ertönte auf einmal eine Stimme hinter mir. Erschrocken fasste ich mir ans Herz und fuhr herum.

Vor mir stand Cem und lehnte feixend an der Wand, während mein Puls noch immer raste.

»Mein Gott, musstest du mich so erschrecken?«, keuchte ich. »Wo kommst du überhaupt so plötzlich her? Ich hab dich gar nicht gehört.« Oder gesehen.

»Das ist das Erste, was wir während unserer Security-Ausbildung lernen: Sei wachsam und pirsch dich lautlos an dein Opfer heran.«

»Haha«, machte ich lediglich, doch Cem war es gelungen, mir ein Schmunzeln zu entlocken.

Ich war überrascht, wie gut die Verständigung auf Französisch bisher klappte. Auch wenn ich nicht immer alles verstand und mir manchmal nicht die passenden Wörter einfielen, so gab es zumindest keine unüberwindbaren Sprachbarrieren. Omas Nachhilfe hatte wirklich etwas gebracht. Notfalls warf ich einfach ein paar deutsche oder englische Begriffe in die Unterhaltungen mit ein.

»Und, wie war die erste Nacht im Élysée-Palast?«, fragte der Bodyguard hörbar interessiert. »Konntest du gut schlafen?«

»Etwas unruhig, nachdem ich erfahren musste, dass der Präsident offensichtlich eine Akte über mich hat anlegen lassen und ich hier bekannter bin als ein bunter Hund«, antwortete ich trocken.

»Mach dir nichts draus, Mila. Du hast keine Ahnung, wie sehr ich durchleuchtet wurde, um diesen Posten zu bekommen. Dagegen war meine Ausbildung zum Personenschützer fast ein Kinderspiel. Und falls es dich beruhigt …« Cem machte einen Schritt auf mich zu und beugte sich verschwörerisch zu mir herunter, als wollte er mir ein Geheimnis anvertrauen. »Von eurer ganzen Schulklasse fand Louis dich am interessantesten.«

Wie bitte? Sollte das etwa heißen, Louis hatte sich mich bewusst als Austauschpartnerin ausgesucht? Da kam man sich ja vor wie auf dem Viehmarkt!

In diesem Augenblick öffnete sich eine weitere Tür auf dem Korridor und ausgerechnet Louis spazierte heraus.

»Bonjour«, begrüßte er Cem und mich mit einem strahlenden Lächeln. »Habe ich etwas verpasst?«

Cems Grinsen wurde breiter und ich hätte ihm nur allzu gerne einen Stoß in die Rippen versetzt.

»Hast du Hunger?«, fragte Louis mich und mein Magen begann wie auf Knopfdruck zu knurren.

»Das war eine eindeutige Antwort.« Louis lachte. »Na, dann komm mal mit.«

Die Köchin des Präsidenten war eine selbstbewusste Frau in den Vierzigern. Unter ihrer gigantischen Kochmütze lugte feuerrotes Haar hervor.

»*Bonjour*, Madame Pompidou.« Louis zwinkerte ihr gut gelaunt zu. »Sie sehen heute wieder blendend aus. Wie machen Sie das bloß?«

»Lou, du alter Charmeur. Bring eine alte Dame wie mich nicht immer so in Verlegenheit«, kicherte sie vergnügt wie ein kleines Schulmädchen. Sooo alt war sie nun auch wieder nicht.

»Schleimer«, murmelte Cem leise, doch sein unverschämtes Grinsen nahm dem Gesagten die Schärfe.

Die Köchin bedachte den Bodyguard mit einem betont scharfen Blick.

»Ihnen könnten etwas mehr Manieren auch nicht schaden, Monsieur Cumartpay.«

»Ach, Sie wissen doch, dass Sie mir die Allerliebste hier sind.«

Madame Pompidou verdrehte die Augen, doch ein Lächeln teilte ihre pink geschminkten Lippen.

Belustigt folgte ich dem Wortgefecht zwischen den dreien. Die Köchin hatte zwischenzeitlich mir ihre Aufmerksamkeit zugewandt.

»Lou, möchtest du mir nicht unseren bezaubernden neuen Gast vorstellen?«

Er schubste mich sanft in ihre Richtung. »Das ist Mila, unsere Austauschschülerin aus München. Sie wird für die nächsten vier Wochen Gast im Élysée-Palast sein.«

»Hallo«, sagte ich verlegen.

»Mila, wie schön, dich kennenzulernen. Ich bin Sylvie Pompidou, die Küchenchefin des Élysée-Palastes, und während deines Aufenthalts werde ich dich nach Strich und Faden verwöhnen!« Dann drückte sie mich an ihre beachtliche Oberweite.

Ich ließ die Begrüßung über mich ergehen, war angesichts der stürmischen Geste jedoch so überrumpelt, dass ich nicht wusste, wohin mit meinen Gliedmaßen.

Als sie mich auf Armeslänge von sich schob, musterte ich sie eindringlich. Bei ihrem lustigen Nachnamen musste ich sofort an »pompös« denken, denn die Beschreibung passte wie … nun ja, wie Arsch auf Eimer.

An Madame Pompidou war alles ein bisschen zu viel. Genau genommen erinnerte sie mich an einen kunterbunten Cupcake auf zwei Beinen. Ihre ausladende weiße Schürze stellte das Papierförmchen dar, die gelben Pantoffeln, die unter ihrer Schürze hervorlugten, den Teig und die knallig geschminkten Augen und Lippen waren wie bunte Zuckerstreusel. Nicht zu vergessen die gigantische weiße Kochmütze – die bildete das Topping.

Madame Pompidou war ein Kunstwerk auf zwei Beinen.

Irgendwie mochte sie nicht so recht in das Bild passen, das ich über die kurze Zeit hinweg vom Élysée-Palast gewonnen hatte. Immerhin sprachen wir hier von einem Palast, wo selbst die Buchsbäumchen aussahen, als hätten sie ein Make-over bekommen.

Da fiel diese Köchin doch etwas aus dem Rahmen. Unauffällig und angepasst waren zwei Wörter, die an ihr abprallten wie Seifenblasen.

Ich konnte mir vorstellen, dass Madame Pompidou ordentlich

Schwung in diesen verstaubten, von Traditionen geprägten Laden brachte. Sie war so schrill, dass es schon wieder cool war, und ihre herzliche Art begeisterte mich von der ersten Sekunde an.

»*Mon chouchou*, du hast mir gefehlt.« Sie kniff Louis in die Wange.

Ich runzelte die Stirn. »*Chouchou?*«

Das hörte sich an, als wollte man irgendjemanden verscheuchen. Kusch, geh weg!

Louis überlegte einen Moment, wie er das Ganze wohl am besten ins Deutsche übersetzen könnte.

»Es ist ein liebevoller Kosename. *Chou* heißt eigentlich Kohlkopf. *Mon chouchou* bedeutet dann so etwas wie *mein kleiner Kohlkopf, Liebling* oder *Herzchen*.«

Wow, die Franzosen hatten es ja mit ihrem Essen. Erst die komische Käse-Redewendung in der Limousine und jetzt auch noch ein Kohlkopf … Das Klischee war womöglich doch nicht so weit hergeholt. Was kam als Nächstes? Spinat oder Sellerie vielleicht?

Ich stellte mir ein Gespräch zwischen zwei frisch Verliebten vor.

»*Ich hab dich so lieb, mein schnuckeliger Kohlrabi.*«

»*Ich dich auch, du anbetungswürdiger Brokkoli.*«

Louis deutete mein Stirnrunzeln richtig.

»Nun guck nicht so. Ihr Deutschen seid da doch nicht besser. Ich meine, wer sagt bitte: *Da wird der Hund in der Pfanne verrückt!*, oder: *Ich glaub, mein Schwein pfeift!*, oder: *Einen Frosch im Hals haben*?«

Ich sah ihn überrascht an. »Ich dachte, die Redewendung *Einen Frosch im Hals haben* gäbe es auch im Französischen? Und apropos Frösche … Stimmt es, dass die in Frankreich so beliebt sind, vor allem in der Bratpfanne?«

»Ich hasse Froschschenkel«, entgegnete Louis.

»Oh, ich liebe die kleinen knusprigen Teile mit Knoblauch und Estragon«, fiel Madame Pompidou ihm ins Wort und verdrehte schwärmerisch die Augen. »Und Weinbergschnecken mit Kräuterbutter.«

Fast hätte mir mein Sandwich von der gestrigen Busfahrt noch mal »Hallo« gesagt und ich musste mich regelrecht zwingen, meinen Mageninhalt bei mir zu behalten.

Ich wusste nicht, ob meine Gesichtsfarbe schon einen leichten Grünstich angenommen hatte, da Louis Madame Pompidou einen warnenden Blick zuwarf.

»Die französische Küche hat auch viele Klassiker zu bieten wie zum Beispiel Flammkuchen, Macarons, Quiche Lorraine …«, versuchte Louis zu retten, was noch zu retten war.

»Wo wir gerade von französischer Küche sprechen«, nahm Madame Pompidou wieder den Faden auf. »Was kann ich dir Gutes tun, Mila? Ein Omelette? Einen Crêpe? Oder vielleicht doch lieber ein Croissant? Sie sind vor wenigen Minuten frisch aus dem Ofen gekommen und noch ganz warm.«

Die Richtung gefiel mir deutlich besser. Madame Pompidous Vorschläge klangen weitaus verlockender als Froschschenkel oder Weinbergschnecken. Das flaue Gefühl in meinem Magen ließ nach, stattdessen lief mir allein bei dem Gedanken an die süßen Gebäcke das Wasser im Mund zusammen. Das war Frankreich nach meinem Geschmack, hihi!

»Ein Croissant wäre super.«

»Kommt sofort. Dann mache ich noch schnell einen heißen Kakao dazu.«

Kakao?! Sämtliche Alarmglocken begannen bei mir zu schrillen.

»Nein, danke, das ist nicht notwendig.« Abwehrend schüttelte ich die Hände.

Madame Pompidou wechselte einen verblüfften Blick mit Louis.

»Sie mag keine Schokolade«, erklärte dieser ihr.

Madame Pompidou schlug bestürzt die Hände über dem Kopf zusammen. »Keine Schokolade, *quelle horreur*!«

»Es ist wirklich entsetzlich. Denn Madame Pompidou macht den besten Kakao auf der ganzen Welt«, betonte Louis in meine Richtung. »Und sie ist die erste Chefköchin im Palast.«

»Ach, hör auf, du machst mich ganz verlegen!« Sie legte demonstrativ ihre Hände an die Wangen, als ließe Louis' Kompliment sie erröten. Dann wurde ihr Gesicht ernst, was so gar nicht zu ihrem erheiternden Gemüt passen wollte.

»Ich bin dem Präsidenten sehr dankbar, dass er mir diese Chance gegeben hat. In den Jahren davor hat es immer nur Männer in der Küche gegeben. Tja, und jetzt flitzt eine Frau durch die Küche, die noch dazu so bunt aussieht wie ein Teletubby.« Ihre nachdenkliche Miene verflog, stattdessen hoben sich ihre Mundwinkel zu einem breiten Grinsen. Madame Pompidou war sich offensichtlich nicht zu schade dafür, über sich selbst Witze zu machen.

Sie beugte sich im Vertrauen zu mir.

»Ich erinnere mich an einen ganz besonderen Staatsempfang, bei dem der Präsident die englische Königsfamilie in den Palast eingeladen hatte. An dem Abend war es meine Aufgabe, den hohen Besuch zu bekochen. Die wären bei meinem bunten Aufzug fast in Ohnmacht gefallen.«

Sie kicherte.

»O ja, daran kann ich mich noch sehr gut erinnern«, sagte Louis und grinste.

Die Köchin zwinkerte uns verschmitzt zu.

Dann verschwand sie im hinteren Bereich der Küche. Zwischen dem Klirren von Besteck und dem sanften Brummeln einer Kaffeemaschine vernahm ich hin und wieder ein paar Befehle, die Madame Pompidou an ihre Küchencrew weitergab.

Nach kurzer Zeit landete ein vergoldetes Tablett mit frisch gepresstem Orangensaft und ein Teller mit buttrig glänzenden Croissants sowie ein kleines Schälchen mit Butter und Erdbeermarmelade vor uns auf der Anrichte.

»Dein Kakao ist auch gleich fertig, Louis.«

»Madame Pompidou, Sie sind ein Schatz!«

Die Köchin lächelte, hob dann jedoch mahnend den Zeigefinger. »Dass ihr mir nachher ja das Geschirr zurückbringt. Nicht dass wie durch Zauberhand doch wieder ein Löffel verschwindet.«

Ich stutzte. Was war denn jetzt an einem Löffel so besonders?

»Die Gäste lassen hier gerne mal etwas mitgehen, besonders Kaffeelöffel sind gefragt«, klärte Louis mich auf. »Es gibt extra einen Tresorraum für die Service, Schüsseln sowie das versilberte und vergoldete Besteck.«

Ein eigener Tresorraum für Geschirr und Besteck? Und ich dachte, es könnte nicht noch verrückter werden.

Madame Pompidou stellte Louis eine dampfende Tasse hin.

Er griff danach und nahm einen großen Schluck von dem Kakao. Zunächst war ich noch von seinem niedlichen Schokoladenbart abgelenkt, bis ich den allzu vertrauten Geruch bemerkte. Wieso hatte ich nicht aufgepasst?!

Ich versuchte noch, durch den Mund ein- und auszuatmen, doch die bitteren Duftstoffe des Kakaos hatten sich bereits in meiner Nase festgesetzt. Feine Nebelschwaden zogen durch die offene Küche und mir wurde schwindelig.

Ich sah lachende Gesichter vor mir, Jungen und Mädchen, die ausgelassen in einem festlich geschmückten Saal tanzten. Ein blonder Junge in einem schicken Smoking wirbelte ein Mädchen in einem prächtigen Sissi-Kleid durch die Gegend. Sie wirkten glücklich. Der Junge blickte ihr tief in die Augen, zog das Mädchen schließlich zu sich heran und küsste sie. Ich konnte ihre Gesichter nicht erkennen, bis sie sich umdrehten und …

Nein, das war nicht möglich!

Ein Keuchen entfuhr mir. Ich konnte nicht glauben, was ich da sah. Denn bei dem Pärchen handelte es sich um niemand Geringeren als … Louis und mich.

Meine imaginäre Kristallkugel musste einen Sprung haben, anders konnte ich mir das nicht erklären!

Und dennoch waren die Bilder so klar vor meinen Augen, als würde ich sie jetzt gerade selbst erleben. Ich war dermaßen schockiert, dass ich mich mit meinen Händen an der Anrichte abstützen musste, um vor Schreck nicht das Gleichgewicht zu verlieren und Bekanntschaft mit den Fliesen zu machen.

»Mila, ist alles in Ordnung?«, drang Louis' Stimme wie durch Watte in mein Unterbewusstsein. »Du siehst total blass aus.«

Ich erschrak, als er mich bei den Schultern fasste und wirbelte dabei etwas zu stürmisch herum. Ich prallte gegen seine Brust, und den Bruchteil einer Sekunde später vernahm ich ein Klirren, das mich aus meiner Kakao-Trance erwachen ließ.

Bestürzt starrte ich auf den Fußboden, auf dem sich eine braune Lache zwischen Scherben gebildet hatte. Mein Blick glitt an Louis' weißem T-Shirt hinauf, das nun über und über mit dunklen Flecken besprenkelt war.

»Das, das tut mir so leid …«, stammelte ich und war den Tränen nah. Warum musste ich immer so ein verdammter Tollpatsch sein? Und wieso musste ich dieses unfassbar unnütze »Talent« von meiner Großmutter erben? Konnte ich nicht einfach ein stinknormaler Teenager sein?!

Ein junger Koch eilte mit einem Kehrblech herbei und fegte hastig die Überreste der einstigen Tasse auf.

»Mach dir keine Sorgen, *ma chère*, Scherben bringen Glück.« Madame Pompidou strich mir aufmunternd über die Schulter.

Ich schluckte. »Lou, das wollte ich nicht. Entschuldigung.«

Er nahm es jedoch mit Humor. »Das Shirt mochte ich sowieso nicht sonderlich gerne.«

In dem Moment betrat der Präsident in Begleitung eines glatzköpfigen Mannes mit Harry-Potter-Brille die Küche. (Zum Glück war das Scherbenproblem schon beseitigt worden. Ich wollte nicht, dass mich der Präsident für politisch beschränkt und tollpatschig hielt. Was ich zweifelsohne war.)

»Guten Morgen alle zusammen«, begrüßte er die Anwesenden und lächelte in die Runde.

Der Präsident erkundigte sich ebenfalls nach meiner ersten Nacht im Élysée-Palast, bevor er mir anschließend seine Begleitung vorstellte.

»Mila, darf ich bekannt machen: Das ist Jacques Dubois, der neue Premierminister und einer meiner wichtigsten Berater und Vertrauten.«

»*Bonjour*, Mila«, grüßte mich der Minister in einem gleichgültigen Tonfall und hielt mir seine Hand entgegen. Sie fühlte sich so leblos und kalt wie ein toter Fisch an. Unauffällig wischte ich meine Hand an meiner Jeanshose ab, nachdem er mich losgelassen hatte.

»Wie immer?«, fragte Madame Pompidou und sah die beiden Herren eindringlich an.

»Zwei ihrer Spezialkakaos, wie immer«, bestätigte der Premierminister und lächelte überheblich. Ein Grummeln breitete sich in meiner Magengegend aus, zumal wie aus dem Nichts ein unangenehmer Geruch in meiner Nase haftete. Bitter, jedoch nicht auf die gleiche Art und Weise, wie ich es bei dem Kakao vernommen hatte. Dieser Duft war dunkler und hatte eine schimmelige, muffig erdige Note. Wie rote Beete.

Und ich hasste rote Beete mindestens so sehr wie Brokkoli.

Ob möglicherweise verdorbener Kakao in der Küche war? Aber sicher kaufte der Élysée-Palast nur die teuersten Kakaobohnen und -sorten ein, oder? Und wieso beschlich mich das ungute Gefühl, dass der verdorbene Kakaogestank von dem Premierminister ausging?

Andererseits konnte ich meinem Geruchssinn zurzeit keinen Meter über den Weg trauen. Das bewies die seltsame Ballszene nur allzu gut!

Vor meinem inneren Auge begann es abermals zu flackern. Einzelne Bildfetzen tauchten hier und da auf, die im Vergleich zu den vorherigen Bildern jedoch sehr wirr waren. Als hätte jemand ein Blatt Papier zerrissen und die einzelnen Teile rieselten wie Schneeflocken zu Boden.

War es möglich, dass diese Bilderflut mit dem Auftauchen von Jacques Dubois zusammenhing?

Ich ertappte mich selbst dabei, wie ich den Premierminister vor mir anstarrte, und blickte rasch auf meine Füße. Doch die folgenden Worte des Präsidenten von Frankreich ließen mich aufhorchen.

»Irgendwann muss mein Geruchssinn ja mal wiederkommen«, klagte Louis' Vater. »Ich spüre die Aromen des Kakaos förmlich auf der Zunge, und dennoch kann ich sie weder riechen noch schmecken.«

Erstaunt zog ich die Augenbrauen hoch. »Sie können nichts mehr riechen?«

Der Premierminister bedachte mich mit einem Blick, der mir signalisierte, dass es mir eindeutig nicht zustand, dem Oberhaupt von Frankreich eine solch private Frage zu stellen. Ich fühlte mich unter seinen stechenden Augen auf einmal so unerwünscht wie eine Kakerlake. Zumal er nun auch noch äußerst skeptisch meine Kleidung begutachtete. Offensichtlich fand er mein Blümchen-Top und meine Jeans für die Anwesenheit im Palast nicht angemessen. Mal ganz abgesehen von meinen bunten Sneakers. Was er dann wohl erst von Madame Pompidou halten mochte?

»Seit einer Erkältung vor ein paar Wochen fällt es mir schwer, richtig zu riechen und zu schmecken.« Der Präsident machte ein bedauerndes Gesicht. »Aber ich bin mir sicher, dass dies nicht von Dauer sein wird. Mit ein bisschen Geduld löst sich das Problem wieder.«

Er lächelte mir aufmunternd zu, bevor er sich an seine Chefköchin wandte. »Liebe Madame Pompidou, würden Sie uns den Kakao in mein Büro bringen? Monsieur Dubois und ich widmen uns derweil schon einmal der heutigen Agenda.«

»Aber natürlich, *Monsieur le Président*. Ihr Kakao kommt sofort.«

Bevor sich der Präsident und der Premierminister zum Gehen wandten, blieb Pierre Dupont noch mal im Türrahmen stehen. »Ach, und vielleicht hätten Sie ein paar Ihrer köstlichen Butterkekse für mich übrig?«

Ich verkniff mir ein Schmunzeln. Wer hätte gedacht, dass sich ein Präsident mit einfachen Butterkeksen begnügte, wenn er vermutlich Kaviar zum Frühstück haben konnte? Mir kam der Gedanke, dass hinter der Fassade des Staatsoberhauptes von Frankreich ein gutmütiger, bodenständiger Mann steckte.

»Selbstverständlich.« Madame Pompidou nickte. »Was immer Sie wünschen. Ich lege Ihnen auch die Schokoladen-Pralinen dazu, die Sie so gerne mögen, *d'accord*?«

»Sie sind ein Engel, Madame Pompidou!«

Louis' Vater wünschte uns einen angenehmen Tag und zog mit dem Premierminister schließlich von dannen, um sich »überaus wichtigen Themen« zu widmen.

Ich war nur froh, dass mir weder der Präsident noch der Premierminister irgendwelche politischen Fragen gestellt hatten. Das wäre nämlich ziemlich peinlich für mich geworden.

Erst jetzt fielen mir die beiden Bodyguards auf, die sich zuvor im Hintergrund gehalten hatten, nun aber dem Präsidenten und dem Premierminister wie ein Schatten folgten.

Nach dem Besuch des Premierministers fühlte ich mich äußerst unwohl und zupfte an meinen Klamotten.

»Ähm ... stimmt mit meiner Kleidung eigentlich etwas nicht?«, fragte ich Madame Pompidou und Louis beschämt.

Die Köchin sah mich geradezu empört an. »Herzchen, wie kommst du denn nur auf so einen Unsinn?«

»Der Premierminister hat mich so komisch angeschaut ...«

Madame Pompidou machte eine wegwerfende Handbewegung. »Ach, vergiss den alten Griesgram. Der ist nur neidisch, weil er in einem Blümchen-Top und einer Jeans nicht einmal annähernd so umwerfend aussehen würde wie du!«

Und schon war es Madame Pompidou gelungen, mir wieder ein Lächeln ins Gesicht zu zaubern. Die Vorstellung von Jacques Dubois in Blümchen-Top und Jeans war aber auch wirklich zu lustig ...

Madame Pompidou zwickte mir in die Wange, so wie sie es vorhin auch bei Louis getan hatte. »Du siehst hinreißend aus, also lass dir nichts anderes einreden, *mon chouchou*.«

Ach, wie schön, jetzt war ich auch schon Madame Pompidous *kleiner Kohl*. An die französischen Gepflogenheiten würde ich mich wohl noch gewöhnen müssen ...

Na ja, dachte ich, immerhin hatte mich die Köchin nicht als Brokkoli bezeichnet!

»Wo bekommt ihr eigentlich euren Kakao her?«, fragte ich Louis, während wir mit einem Picknickkorb in Richtung der Palastgärten aufbrachen. Cem hielt sich in gebührendem Abstand zu uns. Wahrscheinlich wollte er Louis einen gewissen Freiraum lassen, trotz der Tatsache, dass er der Sohn des französischen Präsidenten war. Eine wirklich nette Geste von Cem. Er machte auf mich ohnehin einen sehr treuen, vertrauenswürdigen Eindruck.

Louis zuckte mit den Schultern. »Keine Ahnung, aber soweit ich weiß, bestellt Madame Pompidou nur die erlesensten Sachen. Wieso fragst du?«

»Reine Neugier«, winkte ich ab und hoffte, dass er keine weiteren Nachfragen stellte.

Als wir nach draußen traten, staunte ich nicht schlecht, denn die großzügigen Parkanlagen, die man von außen nicht einsehen konnte, waren eine wahre Stadtoase. Ich erspähte ein Labyrinth, einen Säulengang, wunderschöne Lauben und einen Brunnen mit ausladenden Wasserspielen.

»Sag mal, hast du vorhin in der Küche auch diesen leicht erdigen Geruch wahrgenommen?«, wollte ich von Louis wissen, kaum dass wir es uns auf dem Rand des Brunnens bequem gemacht hatten und im Hintergrund leise das Wasser plätscherte. Cem spazierte indessen zwischen den zahlreichen Bäumen hin und her und telefonierte, allerdings konnte ich aus der Entfernung nicht verstehen, was er sagte.

Louis rümpfte die Nase. »Falls du das schreckliche Parfüm

von dem Premierminister meinst, dann ja. Ich weiß echt nicht, warum man freiwillig in einem Duft badet, der an Mottenkugeln erinnert.«

Er zuckte mit den Schultern, doch kurz darauf breitete sich wieder dieses strahlende Lächeln auf seinem Gesicht aus, als wollte er keinen weiteren Gedanken an den Premierminister verschwenden.

»Also, was hat es mit deiner Abneigung gegen Kakao und Schokolade auf sich?«, fragte Louis neugierig, während er in sein Croissant biss. Ein Klecks Marmelade lief sein Kinn herab und ich erwischte mich bei dem Gedanken, dass ich ihn gerne mit meinem Zeigefinger weggewischt hätte.

Stattdessen sagte ich: »Du hast da was.«

Du hast da was?! Ernsthaft, Mila?

Selbst ein Kaktus besaß mehr Feingefühl als ich!

Seine blauen Augen brachten mich kurzzeitig aus dem Takt. Flink schleckte Louis über seine Lippen und grinste mich verschmitzt an. Ob er wusste, dass er süßer als jede Schokolade war?

Mir fiel ein, dass ich noch immer nicht auf seine Frage geantwortet hatte, daher zuckte ich mit den Schultern.

»Keine Ahnung«, log ich und biss nun ebenfalls in mein Croissant. Ich unterdrückte ein genüssliches Seufzen. Madame Pompidou war wirklich eine zauberhafte Köchin und Bäckerin! Der blättrige Teig zerging auf meiner Zunge wie Zuckerwatte.

»Es ist eher so, dass … dass mir schwindelig wird, wenn ich Schokolade rieche oder esse«, versuchte ich, so nah wie möglich bei der Wahrheit zu bleiben, ohne Louis den Grund meines Schwindels zu verraten.

Erstaunt hob er die Augenbrauen. »Dir wird schwindelig? Hast du deswegen vorhin in der Küche so von der Rolle gewirkt?«

Ich nickte zaghaft. Da ich allerdings keine Lust hatte, von Louis weiter gelöchert zu werden, lenkte ich von mir ab.

»Es gibt doch sicher auch etwas, das du nicht magst, oder? Ich find's voll unfair, dass du so viel über mich weißt, ich aber so gut wie nichts von dir.«

»Touché«, gestand Louis sich ein und grinste. Er legte den Kopf schief, doch er musste nicht lange überlegen. »Käse«, kam es wie aus der Pistole geschossen aus seinem Mund heraus. »Ich hasse diesen nach Füßen riechenden Mief. Ich mag Käse nur, wenn er geschmolzen ist, zum Beispiel auf Pizza. Und ich kann Pilzen nichts abgewinnen.«

»Wie kann man Käse und Pilze denn nicht mögen?«, fragte ich entgeistert.

Und dann entbrannte eine äußerst lustige Diskussion.

Duftdiarium-Eintrag von Sonntag, den 06. Juli

Kakaointensität:
Relativ stark

Auslöser:
Der Spezialkakao von Madame Pompidou

Schokoladensorte:
Zartbitter

Bildschärfe:
Milchig bis halbwegs klar

Handlungsort:
Ein prächtig geschmückter Festsaal

Beteiligte:
Louis & moi

Liebes Duftdiarium,
heute habe ich doch allen Ernstes gesehen, wie Louis und ich uns geküsst haben. Wir haben uns geküsst!
Ich sag's ja, ich bin auf dem besten Weg, meinen Verstand zu verlieren. Irgendwann dreh ich noch durch.
Vorhin, als wir im Garten beim Brunnen saßen, hat Louis mich auch ganz komisch angeschaut. Ob er mir mein bittersüßes Geheimnis an der Nasenspitze ablesen konnte?
Obwohl, eigentlich sieht meine Nase wie immer aus (habe ich gerade schnell im Spiegel kontrolliert). Hoffentlich

wächst die nicht über Nacht und wird so lang wie die von Pinocchio.

Außerdem macht mich dieser bittere Geruch, den ich in Gegenwart des Premierministers wahrgenommen habe, stutzig. Er war mir vertraut, aber dann wiederum auch nicht. Er hatte ein klein bisschen wie ganz normaler Kakao gerochen, jedoch deutlich herber.

Was für ein Parfüm stinkt denn wie verdorbener Kakao?

Schon seltsam, oder? Aber vielleicht denke ich mir dabei auch einfach zu viel.

KAPITEL 13

Hokuspokus, Zickenmodus!

Heute stand der erste Schultag auf dem Programm und ich war gespannt, was mich an der Privatschule erwartete. Doch noch mehr freute ich mich auf ein Wiedersehen mit Liz, mit der ich unbedingt weiter in dem geheimnisvollen Schokoladen-Grimoire schmökern wollte.

Ein letztes Mal musterte ich meine Schuluniform in dem großen Spiegel in meinem Zimmer. Sie bestand aus einem hellblauen T-Shirt mit dem Aufdruck der Saint-Clément, einem dunkelblauen Blazer und einem gleichfarbigen Rock. Etwas unbeholfen zupfte ich an dem Stoff herum. Lediglich Omas Ring, der sich an der Kette unter meinem Shirt verbarg und sich sanft an meine Haut schmiegte, verlieh mir etwas Selbstsicherheit.

Ich atmete tief ein und aus.

Kopf hoch, Brust raus, Bauch rein, zeig's allen!, hatte ich die Stimme meiner Tante Claudi im Kopf. Wenn Claudi selbst den allerhässlichsten Weihnachtspullover mit einem beneidenswerten Selbstbewusstsein trug, dann würde ich das bei einer Schuluniform allemal schaffen.

Also begab ich mich nach unten in die Eingangshalle, in der Louis bereits auf mich wartete.

Es war ungewohnt für mich, dass Cem uns selbst zur Schule in einer Limousine fuhr. Als der schwarze Schlitten an der Saint-Clément hielt und ich ausgestiegen war, dauerte es nur den Bruchteil einer Sekunde, bis ich Liz' auffällig blauen Haarschopf unter all den Schülern entdeckt hatte. Auch Liz hatte mich bereits erspäht und lief freudig auf mich zu. Wir umarmten einander und mein Blick blieb an ihrer aufgepeppten Uniform hängen.

»Interessante Interpretation unserer Schulkleidung«, stellte Louis trocken fest, der an meiner Seite erschien und Liz nun ebenfalls musterte.

Sie schoss mal wieder den Vogel ab. Die schwarz-gelb geringelten Kniestrümpfe hatte sie sich fast bis zu den Oberschenkeln hochgezogen. Den Blazer hielt sie locker in den Händen, während schwarze Netzstulpen ihre Arme zierten.

»Du musst Elisabeth sein«, sagte Louis und nickte Liz zu.

Liz verzog den Mund, als hätte sie in eine saure Zitrone gebissen. »So nennt mich lediglich meine Mutter. Ich bevorzuge Liz. Aber wie ich hörte, bist du über die Details schon informiert. Wenn du also nicht möchtest, dass ich dir an die Gurgel gehe, dann erwähnst du diesen grässlichen Namen nicht noch einmal. Klar so weit?«, antwortete sie darauf in fließendem Französisch. Liz hatte mich oft zu Oma begleitet und die gemeinsam verbrachten Nachmittage dort hatten auch ihre Sprachkenntnisse verbessert.

»Glasklar«, erwiderte Louis.

Liz nahm ihn derweil genauestens unter die Lupe.

»So, du bist dann wohl der Präsidentensprössling«, sagte sie, was aus ihrem Mund viel mehr nach einer Feststellung als nach einer Frage klang.

»Erwischt.« Louis grinste noch eine Spur breiter.

Im nächsten Moment schwebte ein Mädchen mit dunklem Haar zu uns herüber und fiel ihm stürmisch um den Hals.

»Lou, ich hab dich ja so vermisst«, zwitscherte sie und hauchte ihm zwei Küsse auf die Wange. Liz und mich ignorierte sie dabei geflissentlich, als wären wir nichts weiter als belanglose Deko, die zufällig in der Gegend herumstand. Dabei war Liz in ihrem Outfit nun wirklich nicht zu übersehen.

Bei genauerem Hinsehen kam mir das brünette Mädchen vage bekannt vor. War das nicht Liz' französische Gastschülerin?

Liz verdrehte demonstrativ die Augen, ihre Lippen formten ein lautloses »Ophelia«, wodurch sie meinen Verdacht bestätigte.

Derweil scannte Ophelia Louis von oben bis unten ab. Ihr Blick gefiel mir überhaupt nicht. Ophelia erinnerte mich an eine Schlange, die gerade ihr nächstes Opfer auserkoren hatte, und das war blond und noch dazu besonders süß.

»Die Uniform steht dir einfach sooo gut«, schwärmte sie. »*Magnifique.*«

Sofort konnte ich nachvollziehen, was Liz gemeint hatte. Mir ging die Trulla jetzt schon auf den Geist. Und meiner Meinung nach rückte Ophelia Louis ein bisschen zu sehr auf die Pelle … Ob die beiden wohl mehr miteinander verband?

»Das ist nicht *magnifique*, sondern verdammt ätzend, dass man hier eine Schuluniform tragen muss. Das ist Unterdrückung der eigenen Persönlichkeit!«, machte Liz ihren Standpunkt klar.

»Was für eine Persönlichkeit?«, hakte Ophelia nach und ließ ihren Blick vielsagend an Liz hinabgleiten.

Liz tat so, als hätte sie Ophelias gehässigen Kommentar nicht gehört. Stattdessen deutete sie mit dem Kopf auf Cem, der immer noch an der Limousine stand und den Schulhof im Auge behielt.

»Wer ist der Kerl mit dem Headset?«

»Das ist Cem, mein Bodyguard. Mein unsichtbarer Schatten sozusagen«, erklärte Louis.

Bei jedem anderen hätten die Worte vermutlich arrogant geklungen (wer konnte schon von sich behaupten, dass er einen eigenen Leibwächter hatte?), doch Louis sagte dies so nüchtern, als würde er den morgigen Wetterbericht verkünden. Ich glaube, insgeheim war es ihm sogar peinlich, dass sein Vater ihn nahezu rund um die Uhr bewachen ließ.

Liz hob spöttisch die Augenbrauen. »Na ja, unsichtbar …«, murmelte sie ironisch und nickte in Richtung der glänzenden Limousine, die quasi den kompletten Torbogen zur Privatschule einnahm.

Louis winkte Cem zu, bevor dieser in die Limousine stieg und in dem schwarzen Gefährt beinahe lautlos die Straße hinunterglitt.

»Cem holt uns später wieder ab«, ließ Louis mich wissen und lächelte mich an.

In dem Moment, in dem Louis mir seine ungeteilte Aufmerksamkeit schenkte, schien Ophelia das erste Mal so richtig Notiz von mir zu nehmen. Sie begutachtete mich kritisch und ihre Lippen kräuselten sich zu einer säuerlichen Miene.

Wenn Blicke töten könnten …

Ich hatte den unguten Verdacht, dass ich mich soeben in ein Hornissennest gesetzt hatte.

Ich war froh, als die Unterrichtsstunden vorüber waren, denn das Schulsystem in Frankreich unterschied sich deutlich von dem in Deutschland. Es gab keine Pausen zwischen den einzelnen Stunden, sondern nur eine große Mittagspause. In den

Klassen war es mucksmäuschenstill, ausschließlich die Person an der Tafel redete. Die Lehrer waren strenger und sehr distanziert gegenüber ihren Schülern. Noch dazu war der Unterricht trockener als Claudis Weihnachtsplätzchen, und das sollte was heißen.

Am Nachmittag stand ein gemeinsamer Ausflug der deutschen Austauschschüler samt unseren französischen Gastpartnern in das berühmte Künstlerviertel Montmartre auf dem Plan.

Ich war fasziniert von den vielen Eindrücken, die auf mich einprasselten. Nachdem wir Sacré-Cœur – römisch-katholische Wallfahrtskirche und strahlend weißes Wahrzeichen von Paris – einen Besuch abgestattet hatten, ließen wir die Kulisse noch auf uns wirken.

Das 18. Arrondissement bot neben kleinen Weinbergen und charmanten engen Gassen mit Kopfsteinpflaster einen fantastischen Ausblick über die Stadt. Zahlreiche Ateliers reihten sich aneinander und Maler stellten ihre Werke aus. Ich machte ein paar Fotos mit meinem Handy, schließlich musste ich Ma später zeigen, was ich in der Hauptstadt Tolles erlebt hatte.

Die französische Klassenlehrerin, Madame Quinette, und Madame Delacroix schienen bereits jetzt ein Herz und eine Seele zu sein, denn sie unterhielten sich seit einer gefühlten Ewigkeit über Katzen. Zumindest wenn mich meine Französischkenntnisse nicht vollständig täuschten.

Louis, an dessen Arm sich Ophelia besitzergreifend gehängt hatte, lief vor uns, doch ich ertappte ihn immer wieder dabei, wie er sich nach Liz und mir umdrehte und mir ein Lächeln zuwarf. In meinem Bauch flatterten Hunderte kleine Schmetterlinge aufgeregt umher.

Während Madame Quinette einen ausschweifenden Vortrag über die Geschichte des Viertels hielt (von dem ich allerdings nicht alles verstand, da die Lehrerin sehr schnell redete), zuppelte Liz irgendwann an meinem Arm.

»Sieh mal, da vorne!«

Liz deutete auf ein kleines Lädchen, über dem in weißen, schnörkeligen Buchstaben »Chocolaterie« stand.

Es handelte sich um eine Schokoladenmanufaktur. Sie war von Efeu umrankt und lag so versteckt, dass ich sie zwischen den Kunstateliers kaum wahrgenommen hatte.

Lediglich ein einzelner weißer Tisch und zwei klapprige Stühle standen davor. Aufgrund des nur spärlich beleuchteten Schaufensters hätte ich nicht einmal angenommen, dass die Chocolaterie überhaupt geöffnet war, doch ein schmales, vom Wetter gezeichnetes Schild mit der Aufschrift »*Ouvert*« belehrte mich eines Besseren. Es hatte fast schon etwas Nostalgisches.

»Lass uns da mal rein«, flüsterte Liz mir ins Ohr. »Der Zeitpunkt ist günstig.«

Damit hatte Liz wahrscheinlich nicht mal unrecht, denn als ich unsere deutsch-französische Gruppe musterte, lauschten alle andächtig den ausschweifenden Erklärungen von Madame Quinette. Die Krähe nickte hin und wieder begeistert.

Selbst Louis hing gebannt an den Lippen von Madame Quinette und schien nicht weiter mitzubekommen, was um ihn herum passierte.

»Los, das ist unsere Chance!«, sagte Liz eifrig.

Möglichst unauffällig entfernten Liz und ich uns von der Gruppe, doch bevor wir den niedlichen Laden betraten, hielt ich meine beste Freundin zurück.

»Liz, ich kann da nicht rein. Was ist, wenn ich bei dem Kakaogeruch in Ohnmacht falle? Oder Schlimmeres passiert? Wenn ich mich total danebenbenehme, weil ich meine Gabe nicht unter Kontrolle habe?«

Panik stieg in mir auf und hinderte mich daran, einen klaren Gedanken zu fassen.

»Nicht verzagen, Lizzie fragen. Wie gut, dass ich an alles gedacht habe.« Liz grinste und griff in ihre Umhängetasche. Kurz darauf zog sie ein unscheinbares, braunes Fläschchen daraus hervor und reichte es mir.

»Hier, reib dir davon ein bisschen unter die Nase.«

»Was ist das?«

»Ätherisches Öl, das nach Pfefferminz und Eukalyptus riecht. Habe ich in der kleinen Reiseapotheke meiner Mutter gefunden. Sie inhaliert das Zeug immer, wenn sie erkältet ist, weil es die Nase und Nebenhöhlen befreit. Vielleicht kann es den Schokoladengeruch vorerst überdecken.«

Skeptisch begutachtete ich das Fläschchen samt Inhalt.

»Du meinst echt, das hilft?«

»Einen Versuch ist es wert, oder? Nimm aber nicht zu viel davon.«

Ich schraubte den Deckel ab, nahm ein Taschentuch und träufelte etwas von dem Öl darauf. Anschließend führte ich das feuchte Tuch vorsichtig unter meine Nase und rieb etwas von dem vielversprechenden Zeug auf meine Haut.

Obwohl ich nicht viel genommen hatte, wirkte das ätherische Öl bereits wenige Sekunden später. Meine Haut fühlte sich angenehm kühl an und der Pfefferminzgeruch weckte und belebte meine Sinne. Ich fühlte mich konzentrierter, zumal ich ununterbrochen die unverkennbar scharfe Note der Pfefferminze in meiner Nase verspürte.

Liz betrachtete mich aufmerksam, während sie das Fläschchen wieder in ihrer Tasche verstaute.

»Bereit?«

Ich nickte und holte tief Luft. »Bereit«, sagte ich.

Wir blickten uns noch einmal zu den anderen um. Niemand schien unsere Abwesenheit bisher bemerkt zu haben. Dann öffneten wir die Tür und betraten das Lädchen.

KAPITEL 14

Ohne meinen Kakao sehe ich nichts!

Eine leise Klingel über der Eingangstür kündigte unser Eintreten an. Bis auf Liz und mich waren keine weiteren Kunden im Verkaufsraum.

»*Bonjour*«, grüßte ich in die Stille hinein. Ich nahm einen zaghaften Atemzug und befürchtete bereits, von dem Kakaoduft überrollt zu werden, doch Liz' natürliches Wundermittel zeigte Wirkung: Ich hatte bloß den Geruch von Pfefferminze und Eukalyptus in der Nase.

Überschwänglich drehte ich mich zu meiner besten Freundin um.

»Liz, es funktioniert!«

»Sag ich doch!«

Neugierig ließ ich meinen Blick durch die Chocolaterie schweifen und traute meinen Augen kaum. Vor mir eröffnete sich eine zauberhafte Welt aus Trüffeln und Pralinen. Ich erspähte Geschmackssorten wie Milchschokolade mit Karamell, Zimt, Orange, Vanille oder Chili, verlockend knusprig aussehende Nuss- und Mandelkreationen und weiße Schokolade mit Himbeeren. Selbst die Bezeichnungen der edlen Kakaonaschereien zergingen einem auf der Zunge. Sie trugen überaus fantasievolle Namen wie »Cremige Versuchung«, »Feuriges Vergnügen«, »Ein Hauch von Orient« oder »Himbeertraum«, um nur ein paar von vielen zu nennen.

Am Tresen konnte man einzelne handverlesene Pralinen erwerben und sich nach eigenem Wunsch zusammenstellen lassen. Dazu gesellte sich feiner Schichtnugat, von hell bis dunkel.

Die Auswahl war riesig. Ein wahr gewordener Traum für jeden Schokoladenfan. Beim Anblick der köstlichen Süßigkeiten machte sich ein Stechen in meiner Brust bemerkbar. Wie sehr ich diesen Geruch doch vermisste, vor allem den morgendlichen Kakao, den ich immer mit Ma getrunken hatte ...

Ein sympathisch wirkender Herr mittleren Alters mit Schnauzer und kargem Haar kam hinter einem Vorhang hervor. Mit einem breiten Lächeln nahm er seinen Platz hinter dem Tresen ein.

»*Bonjour, les filles.* Herzlich willkommen in der kleinen, aber feinen Chocolaterie von Monsieur Cadault. Hier werden zart schmelzende Schokoladenträume wahr!«

Liz und ich grüßten freundlich zurück. Anschließend breitete ich die Arme aus, als wollte ich den gesamten Laden erfassen.

»Wahnsinn, haben Sie all das selbst gemacht?«, fragte ich Monsieur Cadault mit großen Augen.

»*Eh, oui*«, sagte der Verkäufer bescheiden. »Schokolade ist meine große Leidenschaft. Meine Schwäche. Ich betrachte sie gewissermaßen als Kunst.«

»Es ist ... der absolute Wahnsinn«, stolperte es über meine Lippen.

»*Merci beaucoup*, das freut mich sehr!« Monsieur Cadault deutete eine leichte Verbeugung an. »Wie kann ich weiterhelfen? Ich nehme an, ihr interessiert euch für Schokolade?«

»Wir interessieren uns nicht nur für Schokolade an sich, sondern auch für deren Geschichte und den Beruf eines Chocolatiers. Wir sind für einen Schüleraustausch aus Deutschland hier und müssen nach unserer Reise ein Referat über Kakao halten«, half Liz mir auf die Sprünge. »Und wo könnte man besser recherchieren als in einer Stadt, in der sich zahlreiche Schokoladenschätze verbergen?«

Ich warf ihr einen halb anerkennenden, halb dankbaren Blick zu. Wie war sie denn so schnell auf diese Notlüge gekommen?

»Aus Deutschland? Und ein Referat über Kakao … Wie aufregend! Ich bin sicher, dass ich euch da weiterhelfen kann. Was möchtet ihr gerne wissen?«

Monsieur Cadault schien ehrlich erfreut, dass wir so ein großes Interesse an seiner Kunst zeigten, wie er es nannte.

Der Pfefferminzduft in meiner Nase machte mich selbstbewusster und sorgte für einen klaren Kopf.

»Wie hat das mit der Schokolade alles angefangen? Und welche Wirkung wird ihr nachgesagt?«, fragte ich neugierig.

Monsieur Cadault faltete seine Hände.

»Nun, die Schokolade ist seit jeher ein Luxusgetränk. Schon für die Maya und Azteken in Mittelamerika hatte die Kakaobohne vor Hunderten von Jahren eine große Bedeutung. Man benutzte sie beispielsweise als Zahlungsmittel, gab sie den Toten mit auf die Reise ins Jenseits oder verwendete sie als Grabbeigaben und opferte sie dem Kakaogott Ek Chuah. Sie weckt Erinnerungen, hebt die Stimmung und setzt Glückshormone frei. Zudem wärmt sie Körper und Seele und entspannt von innen. Wenn ihr mich fragt … *le chocolat … c'est magique*«, schwärmte der Franzose und seine Augen nahmen einen leuchtenden Glanz an.

»Ob er weiß, dass man das wortwörtlich nehmen könnte? Er hat ja keine Ahnung, wie viel an seinen Worten dran ist«, murmelte Liz.

»*Pardon?*«, fragte der Chocolatier freundlich nach. »Wie bitte?«

»Ich sagte, dass man die Magie ihrer Schokolade förmlich riechen kann«, flunkerte Liz und lächelte Monsieur Cadault liebreizend an.

»Apropos Magie!« Jetzt kam richtig Leben in den Mann. »Wusstet ihr, dass bereits die Maya der Ansicht waren, dass Schokolade eine magische Wirkung hätte? Es hieß, sie würde beflügeln. Und dem Kakao wurden göttliche, geheimnisvolle Kräfte nachgesagt.«

Abermals beugte Liz sich an mein Ohr. »Möglicherweise gab es unter den Maya schon Duftseher? Wer weiß, wie weit deine Gabe zurückreicht.«

»Inwiefern magisch?«, hakte ich aufgeregt nach.

»Wohnt nicht allem im Leben ein Hauch von Zauber inne?«, entgegnete Monsieur Cadault geheimnisvoll. »Ich glaube, der einzige Schlüssel zur Magie ist der Glaube. Denn nur die, die sich darauf einlassen, können wahrhaftig sehen.«

Ich musste mich zusammenreißen, nicht enttäuscht die Lippen zu schürzen. Das war alles? Eine solch nichtssagende Weisheit hätte auch in einem der Klatschmagazine stehen können, die Ma immer las.

Verzweiflung machte sich in mir breit. Ich fühlte mich so hilflos. Wieso hatte meine Oma mir nichts weiter mit auf den Weg gegeben? Warum?

»Monsieur, kann eigentlich jeder ein Chocolatier werden? Oder braucht es bestimmte Voraussetzungen?«, wollte Liz wissen.

Der Chocolatier legte nachdenklich den Kopf schief. »Es ist wichtig, ein feines Händchen zu haben, um beispielsweise Pralinen zu verzieren. Künstlerische Begabung und handwerkliches Geschick spielen ebenfalls eine große Rolle, damit man einzigartige Ideen umsetzen kann. Bekanntermaßen isst das Auge ja mit. Und natürlich ist ein ausgeprägter Geruchs- und Geschmackssinn meines Erachtens unerlässlich, um permanent neue Kompositionen kreieren zu können. Der Duft des Kakaos muss einen inspirieren, uns Dinge sehen lassen, die andere nicht sehen …«

Ich hielt den Atem an. War es möglich, dass er damit auf die Gabe des Duftsehens anspielte?

»Das heißt, Sie sind sozusagen … ein Duftseher?«, tastete ich mich behutsam vor. Spannung vibrierte in der Luft, das Knistern war förmlich zum Greifen nah.

Liz und ich lagen vor lauter Neugierde beinahe schon auf dem Tresen.

Doch die Reaktion des Chocolatiers fiel anders aus als erwartet. Er kicherte wie ein kleiner Schuljunge hinter vorgehaltener Hand und bekam sich gar nicht mehr ein.

»Duftseher, was für ein originelles Wortspiel. Wie seid ihr denn darauf gekommen? Das habe ich ja noch nie gehört.«

Geschmeichelt wollte er sich durch sein Haar fahren, bis ihm offensichtlich wieder einfiel, dass davon nicht mehr sonderlich viel vorhanden war.

Er räusperte sich. »Nun ja, in gewisser Weise könnte man mich sicherlich als Duftseher bezeichnen. Sobald ich den Duft von Kakao wahrnehme, ist es um mich geschehen, und ich entwerfe in meinem Kopf neue Kreationen. Ach, was sage ich denn, ganze Schokoladenlandschaften! Mein Traum ist es, irgendwann den Eiffelturm aus Schokolade zu bauen, in all seinen Details.«

Theatralisch breitete er seine Arme aus.

Als er erneut ansetzen wollte, unterbrach Liz ihn mit einem netten Lächeln.

»Vielen Dank für Ihre kostbare Zeit, Monsieur Cadault. Sie haben uns sehr weitergeholfen. Aber ich fürchte, wir müssen uns langsam auf den Weg zurück zu unseren französischen Gastpartnern machen.«

»Wartet einen Moment, vielleicht habe ich noch etwas für euch.« Er verschwand hinter dem Vorhang, sodass Liz und ich wieder allein im Verkaufsraum waren.

Derweil musste ich panisch feststellen, dass die Wirkung des ätherischen Öls allmählich nachließ. Kaum hatte ich einen kräftigen Atemzug genommen, strömten die verschiedensten Duftnoten nur so auf mich ein. Der Geruch von feinstem Kakao und edelster Schokolade beanspruchte meine volle Konzentration und für den Bruchteil einer Sekunde fühlte es sich so an, als würde ich an einer unsichtbaren Mauer abprallen.

Alles begann, sich zu drehen, und die verschiedenen Düfte spannen mich in eine Art Kokon ein. Eine Seifenblase, in der nur ich mich befand.

Verdammt, das konnte ich nun wirklich nicht gebrauchen, dass ich vor Monsieur Cadault in Ohnmacht fiel und eine Ausrede dafür parat haben musste. Ich hatte Angst, er könnte herausfinden, dass mit mir etwas nicht stimmte.

»Liz, ich muss hier raus«, presste ich hervor. Ich war kurz davor, fluchtartig den Raum zu verlassen, doch dann brach vor meinem geistigen Auge ein Chaos aus, das mich ungewollt an Ort und Stelle stehen bleiben ließ. Die Bilder waren diesmal schneller und liefen wie ein Kinofilm ab. Ein Film, bei dem nicht alle Szenen gezeigt wurden, sondern von dem ich nur einzelne Sequenzen zu Gesicht bekam.

Ich sah einen Mann von hinten. Er trug einen blauen Anzug. Seine schwarzen Lackschuhe glänzten, als wären sie gerade frisch poliert worden. Er hielt etwas an seine Brust gedrückt, doch weder konnte ich erkennen, was es war, noch sah ich das Gesicht des Mannes.

Der Kakaonebel verdichtete sich, und so auch die Bilder in ihm. Dann gab es einen Cut, das Bild wechselte.

Ein langer Korridor. Eine Flügeltür. Viel Gold.

Etwas an den Bildern irritierte mich, auch wenn ich nicht mit Bestimmtheit sagen konnte, was es war.

Jemand wedelte mit seiner Hand vor mir auf und ab. War es Liz? Ich wusste es nicht. Ich war wie in Trance.

Der kakaohaltige Geruch in meiner Nase riss erst ab, als der scharfe Duft von Pfefferminz und Eukalyptus in mein Bewusstsein drang. Er ergriff Besitz von mir und drängte die Schokoladennoten langsam, aber beharrlich fort.

Meine Sinne klarten auf. Die Kakaowolken verzogen sich und wurden immer kleiner, als wollten sie wieder in ihre Fläschchen, zu ihren Besitzern. Wie ein Flaschengeist, der in seine Wunderlampe zurückkehrte.

Es fühlte sich an, als hätte jemand einen Korken hineingedrückt und den Kakaogeruch auf einen Schlag eingesperrt. Der Nebel war nur noch ein Hauch von Nichts, eine schemenhafte Erinnerung an etwas, das nicht mehr da war.

Ich atmete erleichtert auf.

»Geht es wieder?« Liz fasste mich bei den Schultern und sah mich besorgt an. »Was hast du gesehen?«

Sie blickte sich vergewissernd zu dem Vorhang um, hinter dem Monsieur Cadault noch nicht wieder aufgetaucht war. Also erzählte ich Liz schnell, was ich gesehen hatte.

»Liz, ich glaube, die Schärfe der Bilder hängt mit der Schokoladensorte zusammen. Je dunkler die Schokolade, desto deutlicher wird das Gezeigte im Kakaonebel«, fügte ich noch hinzu, brach jedoch abrupt ab, als Monsieur Cadault mit einer

Visitenkarte in der Hand zu uns in den Verkaufsraum zurück-kam.

Er bot uns an, dass wir uns jederzeit bei ihm melden konnten, wenn wir weitere Informationen für unser Referat (dass es niemals geben würde) benötigten.

Zum Schluss kauften wir noch eine etwas größere Auswahl an Pralinen, bevor wir uns von dem freundlichen Schokoladenmacher verabschiedeten.

KAPITEL 15

Wie ich binnen Sekunden von einem Tollpatsch zu einer Kakaogöttin aufstieg

»Das war wohl nix«, sagte ich enttäuscht, kaum dass wir den Laden verlassen hatten. »Er hatte keine Ahnung, was der Begriff Duftseher bedeutet.«

»Möglich. Oder er ist einfach nur ein verdammt guter Schauspieler«, warf Liz ein. »Immerhin hat er zugegeben, Visionen bei seinen Schokoladenkreationen zu haben.«

»Ja, damit hat er aber gemeint, dass er sich in seinem Kopf ganze Schokoladenlandschaften ausmalt, nicht dass er sieht, wie ihm eine Taube auf den Kopf kackt. Oder dass eine Kakaowolke mit ihm spricht. Er ist ein Visionär, aber definitiv kein Duftseher. Warum sollte er uns etwas vormachen? Ich glaube, er ist einfach ein Träumer.«

»Hmmh, da hast du auch wieder recht«, räumte meine beste Freundin ein. »Zumindest wissen wir jetzt, dass nicht jeder Chocolatier automatisch ein Duftseher ist.«

Ich stutzte. »Glaubst du denn, dass umgekehrt jeder Duftseher ein Chocolatier ist?«

Liz schüttelte den Kopf. »Nein, sieh nur deine Großmutter und dich an. Oder hat deine Oma jemals in einer Schokoladenmanufaktur gearbeitet?«

»Soweit ich weiß, nicht.« Ich schüttelte ratlos den Kopf. »Tja,

die einzige Info, die wir dadurch gewonnen haben, ist, dass Duftseher über einen ähnlich ausgeprägten Geruchssinn wie ein Chocolatier verfügen. Das bringt uns allerdings nicht viel weiter.«

»Ehrlich gesagt hatte ich mir auch etwas mehr erhofft. Aber
ich habe in der Zwischenzeit mal ein paar Theorien bezüglich
deiner Gabe aufgestellt«, meinte Liz.

»Und die wären?«

»Also, Theorie eins: Du bist eine von den Maya entsandte Ka-
kaogöttin, die über magische Kräfte verfügt.«

»Hat Monsieur Cadault nicht gesagt, es würde sich um einen
Gott handeln, nicht um eine Göttin?«

Liz verdrehte die Augen. »Ist doch Jacke wie Hose. Weißt du,
wie viele Überlieferungsfehler die Bibel hat?«

Sie machte eine kurze Pause.

»Theorie zwei: Der Kakao löst bei dir, einer Droge gleich, einen
rauschähnlichen Zustand aus und ruft Halluzinationen hervor.«

»Mir ist zwar bewusst, dass ich einen leichten Knall habe, aber
ganz plemplem bin ich nun auch wieder nicht«, sagte ich empört, doch Liz überhörte meinen Einwand einfach.

»Theorie drei: Deine Mutter hat dich als Baby statt mit Baby-
puder mit Kakao bestäubt. Das hat allem Anschein nach blei-
bende Schäden hinterlassen.«

Ich kam nicht mal dazu, Liz' schräge Theorien zu kommen-
tieren, denn sie ließ sich in ihrem Elan nicht bremsen und plapperte wie ein Wasserfall.

»Theorie vier: Du hast als Kind zu viel Schokolade genascht
und dadurch eine Allergie entwickelt, die sich bei dir in einer
Art Psychose äußert.«

»Sehr nett. Sag doch gleich, dass ich einen an der Waffel habe.
Wirklich *magnifique*«, äffte ich Ophelias Tonfall nach.

»Wart's ab, meine zwei besten Theorien kommen erst noch.«

Liz grinste und sah mich verheißungsvoll an. Ich konnte mich vor Begeisterung kaum halten.

»Theorie fünf: Du bist bei unserem damaligen Schulausflug in den Botanischen Garten von einer Kakaospinne gebissen worden wie Spider-Man von der radioaktiven Spinne und hast dadurch Superkräfte entwickelt.«

»Wände hochklettern muss ich aber nicht auch noch, oder? Mal davon abgesehen, dass es keine Kakaospinnen gibt.«

Meine beste Freundin ließ sich von meinem grinchähnlichen Grummeln nicht beeinflussen, stattdessen strahlte sie wie ein Honigkuchenpferd.

»Theorie sechs«, verkündete sie theatralisch. »Und das ist, nebenbei erwähnt, meine Lieblingsversion. Weißt du noch, dass wir als Kinder dachten, die hellen Kühe würden Milch geben und die dunklen Kühe Kakao? Wahrscheinlich hat dir deine Ma einfach zu viel Milch von den Kakaokühen verabreicht!«

Auch wenn ich ungern die Spielverderberin sein wollte, aber einen Haken hatten Liz' Theorien allesamt …

»Schön und gut, aber wie erklärst du dir dann, dass Oma dieselbe Gabe hatte und diese offensichtlich an mich weitervererbt hat?«

»Ach, stimmt ja. Die Sache mit dem Vererben hatte ich schon wieder verdrängt«, stimmte Liz mir zu. Sie schien leicht zerknirscht darüber, dass sie der Lösung offensichtlich nicht nähergekommen war, doch dann erhellte sich ihr Gesicht.

»Na ja, wenigstens haben wir noch die hier.« Liz hielt die Tüte mit den Kakaonaschereien hoch. »Da helfen wir deinem Schokoladentalent mal richtig auf die Sprünge!«

»Wem helft ihr auf die Sprünge?«

Völlig überraschend war Louis hinter uns aufgetaucht, und Liz und ich fuhren erschrocken zusammen.

»Ähm …«

Für einen Moment sahen wir den Präsidentensohn sprachlos an. Leider hatte die Pfefferminzwirkung schon wieder nachgelassen und ich war geistig nicht mehr so auf Zack.

»Milas Gedächtnis«, antwortete Liz hastig, während sie die Tüte mit den Pralinen hinter ihrem Rücken versteckte. »Ihr Französisch ist nicht mehr das beste.«

Ich warf Liz einen bitterbösen Seitenblick zu.

Louis sah ungläubig zwischen uns hin und her. »Und wo wart ihr? Ihr seid einfach weg gewesen.«

»Wir mussten mal schnell aufs Klo«, sprudelte das Erste, das mir in den Sinn gekommen war, aus mir heraus.

Glücklicherweise schluckte Louis die Ausrede anstandslos. Wahrscheinlich weil an dem Klischee, dass Mädchen gerne zu zweit auf die Toilette gingen, durchaus ein Funken Wahrheit war. Zumindest wenn ich mir meine Mitschülerinnen so ansah. Da spielten sich zum Teil Dramen auf den Toiletten ab, unfassbar.

Gemeinsam schlossen Louis, Liz und ich wieder zum Rest unserer Gruppe auf. Als ich mich noch einmal nach dem schnuckeligen Lädchen von Monsieur Cadault umdrehte, erspähte ich vor dem Schaufenster eine Frau, die durch ihr rotes Haar auffiel. Sie stand mit dem Rücken zu mir, sodass ich ihr Gesicht nicht erkennen konnte.

Zuerst hatte ich die wahnwitzige Idee, sie zu kennen, doch als ich einen zweiten Blick riskierte, war sie wie vom Erdboden verschluckt.

Ich schüttelte müde den Kopf über mich selbst.

Wahrscheinlich hatte ich einfach zu viel Schokolade und Pfefferminz geschnüffelt.

Duftdiarium-Eintrag von Montag, den 07. Juli

Kakaointensität:
Sehr stark

Auslöser:
Die Chocolaterie von Monsieur Cadault

Schokoladensorte:
Verschiedene Sorten auf einmal

Bildschärfe:
Klar

Handlungsort:
Ein Korridor

Beteiligte:
Ein Mann im Anzug

Liebes Duftdiarium,
   bitte verzeih mir meine krakelige Handschrift. Wir sind von unserem Ausflug nach Montmartre gerade auf dem Rückweg und der Busfahrer fährt wie eine gesengte Wildsau.
   Heute ist ein total verrückter Tag!
   Angefangen hat alles in der Schokoladenmanufaktur von Monsieur Cadault. Als die Wirkung von Liz' Minzöl nachließ, hatte ich nicht nur eine harmlose Kakaowolke vor mir, sondern ich lief regelrecht in einen Kakaosturm hinein. So viele Düfte, so viele Eindrücke auf einmal ...

Ich werde das komische Gefühl nicht los, dass ich den Mann, den ich in meiner Kakao-Vision gesehen habe, irgendwie kenne. Und die langen Korridore, das Gold ... Ist es möglich, dass die Kakaowolke mir den Élysée-Palast präsentiert hat? Aber was wollte sie mir damit sagen?

Das ist doch voll dämlich, dass diese dusselige Kakaowolke immer nur einen Teil von dem offenbart, was passieren wird. Das ist gelinde gesagt genauso bescheuert wie Filme mit offenem Ende. Hallo, ich gehe doch nicht ins Kino, um mir dann selbst das Ende zusammenzureimen und mich zu fragen, ob das Pärchen nun zusammenkommt oder das Mädel doch als arme Jungfer mit zehn Katzen endet?!

KAPITEL 16

Kopf hoch, sonst fällt das Krönchen runter!

Irgendwie war es Liz gelungen, es so einzufädeln, dass sie Louis und mich nach der Exkursion ins Künstlerviertel Montmartre noch in den Élysée-Palast begleitete.

Leider gab es einen Haken an der Sache: Ophelia war ebenfalls mit von der Partie. Auf ihre Gesellschaft hätte ich gut und gerne verzichten können. Die ganze Fahrt über quasselte sie ununterbrochen (natürlich über sich selbst) und mir klingelten angesichts ihrer Selbstbeweihräucherung bereits die Ohren. Kurz schoss mir durch den Kopf, dass Charlotte und Tami nicht halb so schlimm waren.

»Vielleicht ist das gar nicht so schlecht, wenn *Mademoiselle Magnifique* dabei ist«, raunte Liz mir zu. (Sie führte mittlerweile eine Strichliste in ihrem Handy, wie oft Ophelia das Wort *magnifique* verwendete.) »Während sie Louis umgarnt, können wir uns in aller Ruhe mit deiner Gabe und dem Grimoire beschäftigen. Das verschafft uns Zeit.«

Merkwürdigerweise gefiel mir die Vorstellung, Louis mit Ophelia allein zu lassen, überhaupt nicht …

Aber Liz hatte recht, wir mussten die beiden abschütteln, um dem Rätsel auf die Spur zu kommen. Zumal ich den Verdacht nicht loswurde, dass die Wände Augen und Ohren hatten, vor allem seitdem ich wusste, dass die Präsidentenfamilie mich bereits vor meiner Ankunft durchleuchtet hatte wie Sherlock Holmes.

Kaum hatte Liz die akkurat geschnittenen Buchsbäumchen erspäht, konnte sie nicht mehr an sich halten.

»Da würde ich ja allzu gerne mal mit meiner Nagelschere ran ...«

»Untersteh dich!«, wies ich sie zurecht. »Hier sind überall Überwachungskameras!«

»Manno«, maulte Liz, schob das Nageletui jedoch brav in ihre Tasche zurück.

»Hast du schon mal eine so unfassbar peinliche Person gesehen? Ich meine, guck dir mal ihre geringelten Strümpfe an. Sie sieht aus wie eine Hummel mit blauen Haaren!«, zischte Ophelia Louis in meinem Rücken zu und ich war dem Gedanken, ihr ein Bein zu stellen, kurz nicht abgeneigt. (Wirklich nur ganz kurz.)

»Na, wenigstens herrscht in meinem Kopf kein Vakuum«, murmelte Liz unbeeindruckt von Ophelias Sticheleien.

Manchmal beneidete ich sie um ihr grenzenloses Selbstbewusstsein. Liz war eine verdammt coole Socke!

»Und, was wollen wir machen?«, fragte Louis unternehmungslustig, als wir das Foyer erreicht hatten. Mittlerweile bekam ich auch keine panischen Anfälle mehr, sobald sich die Sicherheitsschleuse in mein Sichtfeld schob.

»Ehrlich gesagt haben Mila und ich ein paar dringende Sachen zu besprechen. Mädchenangelegenheiten und so einen Kram, du verstehst schon?«

Louis sah mich fragend an. »Mädchenangelegenheiten?«

»Sicher müssen die beiden über Pferde und über irgendwelche Promis quatschen«, ätzte Ophelia und grinste dabei überheblich.

»Natürlich, und wo wir schon dabei sind, überlegen wir uns auch gleich noch, wie man giftige Nattern am besten loswird.«

Liz lächelte Ophelia entwaffnend an. Das Gezeter, das die Französin daraufhin vom Stapel ließ, bekam ich nur noch zur Hälfte mit, da ich Liz bereits hinter mir herschleifte. Louis bedachte mich mit einem fast schon enttäuschten Blick.

Selbst als wir schon die Treppenstufen zu meinem Gemach erklommen hatten, konnte ich an nichts anderes denken als an Louis' himmlisch blaue Augen.

Ich war so in meinen Tagträumereien versunken, dass ich den Premierminister Jacques Dubois erst bemerkte, als wir fast auf gleicher Höhe waren. Kurz fragte ich mich, was er auf dem Korridor mit den privaten Gemächern zu suchen hatte, verwarf den Gedanken jedoch schnell wieder.

Er telefonierte mit jemandem und stand mit dem Rücken zu uns, sodass er von Liz und mir bisher keine Notiz genommen hatte. Jacques Dubois redete schnell und abgehackt. Als er das Gespräch beendete und sich auf dem Absatz umdrehte, wäre er fast in mich hineingerannt. Ich konnte in letzter Sekunde noch einen Schlenker machen und ausweichen.

»*Merde!* Pass doch auf!«, fluchte er. »Hast du keine Augen im Kopf?«

Völlig perplex starrte ich dem Premierminister hinterher, wie er die Treppenstufen hinabeilte.

»Was für ein Blödmann war das denn?«, fragte Liz empört. »Der sah ja verschlagener aus als Gollum. Und sind dir seine Augenbrauen aufgefallen? Wenn er die noch ein bisschen wachsen lässt, hat er statt zweien nur noch eine. Dem sollte man echt mal eine Augenbrauenzupfbehandlung schenken. Ganz zu schweigen von seinem grässlichen Parfüm. Was soll das sein, Eau de Schimmel?«

Sie schüttelte sich.

»Das ist Jacques Dubois, der neue Premierminister. Er ist noch nicht lange im Amt und soll einer der engsten Berater des Präsidenten sein.«

Liz starrte ihm hinterher und rümpfte die Nase. »Der Kerl ist mir nicht ganz geheuer.«

Sie warf ihre Verschwörungstheorien jedoch über Bord, kaum dass ich die Tür zu meinem Zimmer geöffnet hatte.

»Ich glaub's ja nicht!«, stieß Liz hervor. »Das ist dein Zimmer?«

Sie fackelte nicht lange, sondern ließ ihre Tasche an Ort und Stelle fallen, rannte auf das Himmelbett zu und ließ sich wie ein nasser Kartoffelsack daraufallen.

»Einfach traumhaft«, seufzte sie. »Ganz was anderes als die Pritsche, auf der ich bei Ophelia schlafen muss.«

Ich tat es Liz gleich und legte mich neben sie. Für eine Weile starrten wir beide an die hohe Decke, jede von uns hing ihren eigenen Gedanken nach.

Liz' Blick fiel auf mein Nachtschränkchen, auf dem Madame Pompidou eine kleine Aufmerksamkeit hinterlassen hatte. Ein Körbchen mit kunterbunten Macarons stand darauf.

»Von wem sind die denn?«, fragte Liz mit hochgezogenen Augenbrauen.

»Bestimmt von der Köchin des Palastes. Madame Pompidou ist wirklich zuckersüß«, sagte ich. »Und sie backt göttlich. Ich glaube, sie hat immer noch Sorge, dass sie mir die französische Küche mit ihren Kommentaren über Froschschenkel und Weinbergschnecken madig gemacht haben könnte, und versucht, das durch ihre magischen Backkreationen wieder wettzumachen.« Ich lachte.

Liz sah mich entgeistert an. »Froschschenkel und Weinbergschnecken?«

Ich winkte ab. »Nicht so wichtig.«

Liz bediente sich an den verführerisch aussehenden Macarons und schob sich ein lindgrünes Exemplar in den Mund. Ich hingegen griff nach einer roten Variation.

Mit einem Lächeln betrachtete ich die doppelschichtigen Mandelbaisers mit der appetitlichen, süßen Cremeschicht dazwischen. Als ich einen Bissen davon nahm, verdrehte ich genießerisch die Augen.

Ich hätte gerne einfach noch ein bisschen mit Liz im Bett gelegen, gequatscht und zwischendurch die Macarons verputzt, doch leider gönnte Liz uns keine Pause.

Sie setzte ihren fachmännischen Blick auf.

»So, wir haben keine Zeit zum Verschnaufen, wir müssen ein Rätsel lösen. Und schließlich haben wir keine Ahnung, wann *Mademoiselle Magnifique* und ihr *Prince Charming* wieder auf der Matte stehen. Also lass uns loslegen!«

Ich richtete mich auf und sah Liz dabei zu, wie sie die liebevoll verpackten Schokoladenkreationen, die sie in dem Laden von Monsieur Cadault erworben hatte, auf dem Bett ausbreitete.

»Was hast du damit vor?«, fragte ich misstrauisch.

»Na, was wohl? Essen natürlich. Beziehungsweise: Du riechst und ich esse. Immerhin müssen wir ja überprüfen, ob an deiner Theorie, dass die Visionen abhängig vom Kakaogehalt stärker oder schwächer ausfallen, etwas dran ist.«

Ich stöhnte auf. Ich hätte Liz nichts von meiner Vermutung erzählen sollen. Jetzt hatte ich den Schokoladensalat.

»Das ist doch wohl nicht dein Ernst?« Allein bei dem Gedanken daran, mich wieder einer unkontrollierten Bilderflut auszusetzen, flammte helle Panik in mir auf.

»Weißt du, das ist wie bei Menschen mit Spinnenphobie. Die müssen sich auch ihrer Angst stellen und die Spinnen über mehrere Stunden lang angucken, um sie im nächsten Schritt anfassen zu können. Und genauso machen wir es bei dir mit Schokolade. Je öfter du damit in Berührung kommst und dich den Bildern aussetzt, desto einfacher wird es dir fallen, mit deiner Gabe umzugehen.«

»Meinst du?« Ich war mir da nicht so sicher.

Liz nickte und ein aufmunterndes Lächeln teilte ihre Lippen. »Ich mache auch mit und helfe beim Aufessen.«

»Wie überaus aufopferungsvoll von dir«, sagte ich spöttisch.

Sie griff nach zwei Pralinen, die in knisterndes, blaues Papier mit Schneeflocken eingewickelt waren. Eine behielt sie für sich, die andere drückte sie mir in die Hand.

Es war ein Vollmilchtrüffel, verziert mit einer pinkfarbenen Glasur.

So testeten Liz und ich eine Schokoladenkreation nach der anderen. Doch das Problem dabei: Es passierte nichts. Rein gar nichts. Weder formte sich eine Kakaowolke vor meinem inneren Auge noch konnte ich irgendwelche Bilder sehen.

»Und?«, fragte Liz erwartungsvoll. »Was siehst du?«

»Nichts.«

»Wie nichts?«

»Ja, nichts!«

Liz legte den Kopf schief. »Das ist seltsam. Vielleicht ist es vorhin in der Chocolaterie aufgrund der vielen Duftnoten zu einer Reizüberflutung in deinem Gehirn gekommen. Und darum kannst du noch keine neuen Bilder aufnehmen. Magie funktioniert wahrscheinlich nicht auf Knopfdruck, sondern ist unberechenbar.«

War es tatsächlich möglich, dass mein Kopf aufgrund der vielen Eindrücke vollkommen überflutet war?

Es war in etwa damit zu vergleichen, wenn man in einer Parfümerie zu viele Düfte ausprobiert hatte und nach einer Weile alles gleich roch. Und genau das war auch das Problem mit der Schokolade:

Ich erkannte keinen Unterschied mehr. Ich hatte einen totalen Blackout.

Kapitel 17

Möge die Magie der Schokolade mit dir sein!

»Ach, das ist doch zum Mäusemelken! Wir haben keinen einzigen Anhaltspunkt, Liz, keinen einzigen! Ich weiß nicht, warum Oma mir nie etwas über meine Gabe erzählt und mich damit mutterseelenallein zurückgelassen hat, geschweige denn was ich damit anfangen soll oder wo wir mehr darüber in Erfahrung bringen könnten. Vielleicht ist das alles auch einfach nur ein großer Humbug und es gibt gar keine Magie!«

»Mila Kornblum, du willst doch jetzt wohl nicht aufgeben! Hast du Monsieur Cadault nicht zugehört?«

Liz stemmte die Hände in die Hüften, bedachte mich mit einem strengen Blick und erinnerte mich an die weisen Worte des Chocolatiers.

»So abgedroschen das vielleicht klingt, aber ich glaube, er hat recht. Nur wer an Magie glaubt, kann sie erfahren und wahre Wunder bewirken. Und nur wenn du endlich aufhörst, dich dagegen zu wehren, dass deine Großmutter dir eine besondere Gabe vermacht hat, kann sie sich entfalten. Weißt du, genauso ist es doch auch mit dem Vertrauen in sich selbst. Wer an sich glaubt, kann alles schaffen. Und verdammt noch mal, Mila, ich glaube an dich! Also kneif deine Pobacken zusammen und zeig es der Welt da draußen!«

Unweigerlich musste ich lächeln. »Das war ja fast schon poetisch. Du hast aber nicht vor, unter die Horoskopschreiber zu gehen, oder?«

Jetzt musste auch Liz grinsen. »Ach, ich weiß nicht. Ich finde, ich habe durchaus Talent. Mir würde da auch spontan eines für dich einfallen:

Glaub an die Magie und du wirst den Jungen deiner Träume treffen. Aber pass auf, boshafte Tauben könnten eurer Liebe im Weg stehen.«

»Doofe Nuss«, sagte ich und lachte. Es tat gut, ein bisschen albern zu sein.

»Na siehst du. Mit einem Lächeln gefällst du mir gleich viel besser. Und so geht es sicherlich auch einem blonden Präsidentensohn …« Sie grinste mich wissend von der Seite an.

»Ich weiß gar nicht, wovon du sprichst …« Leider wurden meine Ohren verräterisch heiß. Fehlte nur noch, dass gleich Dampf aus ihnen herauszischte.

Ich sprang vom Bett auf, zog das Grimoire sowie mein Federmäppchen aus meinem Rucksack hervor und pflanzte mich wieder neben Liz. Ich blätterte die Seiten durch und überflog die verschiedenen Kakao- und Schokoladenrezepte. Erneut stolperte ich über die fantasievollen Rezeptnamen.

»Da hat Oma mir vielleicht was eingebrockt. Ich bin im Kochen und Backen eine absolute Niete. Erinnerst du dich daran, wie du und ich letztes Jahr zur Weihnachtszeit Plätzchen gebacken haben? Ich hab fast die ganze Küche abgefackelt.«

Seit jenem Tag, an dem ich die Kekse im Ofen vergessen hatte, verbarg eine große Pinnwand den Brandfleck in der Küche.

Liz kicherte. »Wie könnte ich das vergessen. So sauer habe ich deine Ma noch nie erlebt.«

»Weißt du, was ich nicht verstehe?«, murmelte ich. »Wieso

gibt es keine weiteren Erklärungen zu den Rezepten? Wenn das hier einfach nur ein normales Backbuch wäre, hätte Oma es doch nicht verstecken müssen. Oder?«

»Vielleicht haben wir etwas übersehen«, nuschelte Liz und kaute dabei an meinem Bleistift herum. Und da Liz ein Talent dafür hatte, ihre eigenen Stifte stets zu verlieren, und sich stattdessen mit Begeisterung auf meine stürzte, sahen mittlerweile fast alle Stifte in meinem Federmäppchen danach aus, als hätte sich ein Biber daran vergriffen.

»Gibt es nichts mehr, das von Bedeutung sein könnte? Ich meine, außer der Gutenachtgeschichte vom Zauberkakao?« Liz nagte und knabberte, was das Zeug hielt. Das machte sie gerne, wenn sie aufgeregt war. Fast bildete ich mir schon ein, dass kleine Späne durch das Zimmer flogen.

»Ich weiß nicht …«, antwortete ich und versuchte, mich zu konzentrieren. Ich dachte an Oma. An ihr herzliches Lächeln. An ihre krausen Locken und ihre vor Übermut funkelnden Augen. Erinnerungen spulten sich wie ein Film in meinem Kopf ab und hüllten mich in eine warme Decke, schenkten mir Zuversicht.

Meine Gedanken kehrten an einen Tag im August zurück. Wir hatten meinen achten Geburtstag gefeiert und in dem verwilderten Garten meiner Oma gesessen, Bienen surrten in der Luft und eine sanfte Sommerbrise umspielte meine Haut. Schon immer hatte ich das kleine, verwunschen aussehende Hexenhaus meiner Oma am Stadtrand von München geliebt. Es barg so viele unvergessliche Erinnerungen.

Die Geburtstage in Omas Garten waren immer die schönsten gewesen, erfüllt von Wärme, Liebe und Geborgenheit. Von Lachen und Glück.

Der Tisch war mit kunterbunten Tassen und Tellern aus einem Trödelladen gedeckt, die kein bisschen zusammenpassten

und doch wunderschön in der Kombination aussahen. Irgendwie einzigartig.

Ich rief mir unser Gespräch in Erinnerung.

*»Oma, ich liebe deinen Apfelkuchen. Keiner kann den so gut wie
du. Wie machst du das immer, dass der so besonders schmeckt?«*

Meine Oma schmunzelte.

*»Weißt du, das ist eigentlich ganz einfach. Man nehme nur eine
Prise Liebe und einen Hauch von Magie.«*

»Magie?«, fragte ich mit großen Augen. »Gibt es denn so etwas?«

*»Weißt du, Mila, manchmal muss man nur die Augen schließen
und ganz fest daran denken. Dann können Wünsche auch in
Erfüllung gehen.«*

*Sie machte eine Pause. »Und eines Tages wirst du diejenige in
der Familie sein, die mein Rezeptbuch fortführt. Und dann wirst
auch du diesen Zauber vollbringen.«*

»Aber woher weißt du das, Oma?«

Ihr Lächeln vertiefte sich noch eine Spur.

Mit einem Mal durchfuhr mich die Erkenntnis wie ein Blitz.
Die köstliche Apfeltorte von Oma – das musste die Astrologische Apfel-Schoko-Torte sein!

Oma hatte mir damals schon versteckte Hinweise gegeben,
denn es waren Rezepte aus dem Grimoire. Bloß hatte ich sie
aufgrund der fantasievollen Namen nicht sofort erkannt.

Wieso war ich denn nicht schon eher darauf gekommen?

Mein Herz begann, wie wild zu klopfen, und die Erinnerungen überkamen mich wie eine Sturmflut. Omas Kakao mit
dem Aroma von Orange, die Pfefferminzpralinen, die mich bei
Kummer immer getröstet hatten, die selbst gemachten knacki-
gen Haselnusskugeln. Es waren alles Rezepte aus dem Grimoire.
Der Orakelige Orangenkakao, die Prophezeienden Pfefferminzpralinen oder die Hellsehenden Haselnusskugeln.

Ich griff nach dem Grimoire und blätterte es durch. Auf einmal betrachtete ich die Rezepte vor mir mit anderen Augen. Mein Puls raste, während ich die kreativen Bezeichnungen überflog.

Die Besserwisserischen Brownies und die Zukunftsweisenden Zimtmuffins hatten wir immer zur Weihnachtszeit gebacken. Bei dem Gedanken daran, wie ich damals als kleines Kind auf einem Stuhl neben Oma in der Küche stand, die Zutaten in der Rührschüssel miteinander verknetete und mir das Mehl selbst in den Haaren klebte, wurde mir ganz warm ums Herz.

Ich hatte Oma oft beim Backen geholfen (ohne dabei die ganze Küche in die Luft zu sprengen). Schon damals waren es ganz besondere Rezepte für mich gewesen, weil ich sie mit meiner Oma verband, doch ich hatte nie geahnt, wie besonders sie wirklich waren. Und dass sie ein großes Geheimnis bargen.

»Weil ich es vor mir sehe. Ganz klar und deutlich. Wie ein Tropfen Glück.«

Die Glasklare Glücksschokolade!

Plötzlich war es so offensichtlich.

Oma hatte von Anfang an gewusst, dass ich eines Tages dieselbe Gabe hüten würde wie sie. Doch sie musste einen triftigen Grund gehabt haben, so vorsichtig zu sein. Aber welchen?

»Lass dich von der Magie der Kakaobohne leiten.«

Ich schloss die Augen, umschloss den Kakaobohnenring an meiner Kette mit einer Faust und dachte so intensiv an Oma, dass es fast schon wehtat.

Bitte, Oma, gib mir noch einmal einen winzigen Hinweis, flehte ich innerlich.

Da wurde der Ring in meiner Hand ganz heiß. Erschrocken öffnete ich meine Lider wieder und ließ das Erbstück meiner Großmutter los. Die eingravierte Kakaobohne glühte wie ein Stück Kohle, ein leuchtend orangefarbener Rand umgab sie.

Was zum Himmel …?

»Mila, sieh mal!«, hauchte Liz und deutete mit zitterndem Zeigefinger auf das geöffnete Grimoire. Ich folgte ihrem Blick und konnte kaum glauben, was sich vor meinen Augen abspielte.

Das Grimoire hatte ein Eigenleben entwickelt. Die Buchseiten blätterten sich flatternd wie von Geisterhand selbst um, als wäre ein Windstoß durch sie hindurchgefahren.

Doch als ich mich im Zimmer umsah, musste ich feststellen, dass alle Fenster und Türen geschlossen waren. Wie war das möglich?

War … war das etwa Oma?

Die Luft war erfüllt von einem Zauber, den ich nicht in Worte zu fassen vermochte. Kleine Sternchen glitzerten vor meinen Augen und es roch so intensiv nach Kakao und Schokolade, dass mir fast ein bisschen schwindelig wurde.

»Was … was passiert hier? Wie hast du das gemacht?«, wisperte Liz andächtig und hatte dabei ihre Stimme gesenkt, als hätte sie Sorge, diesen magischen Moment kaputtzumachen.

»Ich … ich weiß nicht«, flüsterte ich. »Ich habe ganz fest an Oma gedacht und daran, was sie mal zu mir gesagt hat.«

Fast fühlte es sich so an, als wäre sie hier. Bei mir. Als könnte ich ihr ansteckendes Lachen hören.

Die Seiten blätterten rasend schnell um, sodass meine Augen unruhig hin und her huschten. Schließlich senkte sich die letzte Seite des Grimoires sanft wie der Flügelschlag eines Schmetterlings.

Was wollte uns das Grimoire bloß sagen?

Mein Blick blieb an dem Buchdeckel hängen. Sogar der Inneneinband war mit aufwendigen Blütenranken verziert. Mit dem Zeigefinger fuhr ich die goldenen Verschnörkelungen nach, die sich am Rand entlangschlängelten.

»Da hat aber jemand nicht ordentlich gearbeitet«, sagte Liz auf einmal und tippte auf die extravagante Verzierung. Erst wusste ich nicht, was sie meinte, doch dann stutzte ich, als ich unter meinem Zeigefinger eine Rille ertastete. Eine Rille, die sich wie ein Rahmen um das Grimoire zog.

Sie war so fein, dass der Übergang im Leder fast fließend war und der Schnitt durch die auffälligen Ranken kaum auffiel. Man musste ganz genau hinsehen, um erkennen zu können, dass dort jemand etwas unkenntlich hatte machen wollen …

Nanu, was war das? Ich beugte mich tiefer über das Grimoire.

War … war hinter den Ranken etwas? Vielleicht war das auch der Grund, warum das Grimoire uns ausgerechnet an diese Stelle des Buchs geführt hatte? Weil wir etwas entdecken sollten?

Schon beim ersten Mal, als ich es in der Hand gehalten hatte, war mir aufgefallen, dass der Ledereinband ungewöhnlich dick war.

Liz klopfte gegen die Innenseite und ein hohles Geräusch ertönte.

Wir sahen einander aufgeregt an.

Als wäre mir plötzlich ein Licht aufgegangen, fuhr ich mit meinem Fingernagel die dünne Rille entlang. Ich konnte dahintergreifen!

Es war eine Innenlasche, die sich umklappen ließ.

Und zum Vorschein kamen … ein altes Notizbuch und ein loser Zettel.

»Ich fasse es nicht«, raunte Liz.

Ich nahm den Zettel an mich und faltete ihn auseinander, Liz rutschte dicht an mich heran. Es war ein an mich adressierter Brief.

»Das ist Omas Handschrift«, hauchte ich und mein Herz klopfte etwas schneller.

»Nun lies schon vor!«, drängelte Liz.

»Meine kleine Mila, wenn du diese Zeilen liest, werde ich nicht mehr bei dir sein und dich beschützen können.«

Ich stockte, Tränen stiegen mir in die Augen und nahmen mir die Sicht. Meine Hand begann zu zittern. Ich spürte, wie Liz mir behutsam über den Arm strich.

»Ich bin bei dir«, sagte sie leise und ich war froh, sie bei mir zu wissen. Ihre Wärme und Anwesenheit halfen mir dabei, mich etwas zu beruhigen.

Ich blinzelte die Tränen weg und las weiter.

»Es wird gerade sicherlich einiges geben, das dich verwirrt, doch sei dir gewiss, du bist nicht allein. Und wenn du bereit bist, deine Gabe anzunehmen, wirst du imstande sein, Wunder zu vollbringen. Du bist in der Lage, die Welt zu einem besseren Ort zu machen. Ich hoffe, dass dir mein Notizbüchlein dabei helfen wird, zu verstehen. Ich habe es über die Jahre vervollständigt und mein Wissen darin gesammelt. Hüte das Grimoire und das Notizbuch wie einen Schatz, sie dürfen nicht in die falschen Hände geraten. Die Zukunft ist noch nicht geschrieben und es liegt in unseren Händen, sie zu gestalten.

Du bist zu Großem bestimmt, mein Engel. Ich liebe dich von ganzem Herzen.«

Wie ferngesteuert ließ ich den Zettel in meiner Hand sinken. Mühsam versuchte ich, nicht zu weinen, doch eine einzelne Träne löste sich aus meinem Augenwinkel und tropfte auf die Bettdecke.

Mein Herz krampfte sich schmerzhaft zusammen. Diesmal war es nicht der Geruch von Kakao oder Schokolade, der eine Flut an Bildern in meinem Kopf auslöste. Nein, es waren meine eigenen Erinnerungen. Erinnerungen aus der Vergangenheit. An Oma.

In diesem Augenblick fehlte sie mir mehr denn je. Ich drückte den Brief wie einen kostbaren Schatz an meine Brust.

Traurig sah ich meine beste Freundin an. »Sie fehlt mir so sehr, Liz.«

»Das kann ich gut verstehen. Aber manchmal ist es besser, zu weinen und den Schmerz rauszulassen, damit im Herzen wieder Platz für ein Lächeln gemacht werden kann. Und deine Oma würde wollen, dass du glücklich bist.«

Liz schenkte mir einen aufmunternden Blick, bevor sie sich zu mir herüberbeugte und mich in eine Umarmung zog. Es tat gut, sich einfach fallen lassen zu können, und ich spürte, wie mein Herz tatsächlich wieder etwas leichter wurde. Die Traurigkeit verschwand und stattdessen zogen die ersten Sonnenstrahlen ein.

»Weißt du eigentlich, dass du die allerbeste Freundin bist, die man sich wünschen kann?«, sagte ich, als wir uns voneinander gelöst hatten und ich mir die Tränen aus dem Gesicht wischte.

Liz plusterte sich auf wie ein Spatz. »Natürlich weiß ich das.«

»Ey«, kicherte ich und knuffte Liz liebevoll in den Arm.

»Wobei ich dazusagen muss, dass dein Talent als beste Freundin auch nicht unbedingt übel ist.«

Sie grinste frech und in ihren Augen funkelte der Schalk. Das löste den Knoten in meiner Brust endgültig und ich lachte befreit auf.

Dann jedoch wurde Liz wieder ernst.

»Wenn es dir lieber ist, hören wir für heute mit unseren Recherchen auf und machen morgen weiter, sobald es dir besser geht.«

Plötzlich erwachte neuer Lebensgeist in mir. Und ein Gefühl, das alle anderen in mir überdeckte: Stolz. Ich wollte meine Oma stolz machen und mir selbst beweisen, dass ich eine gute Duftseherin sein konnte! Auch wenn ich noch nicht wusste, wie ich das anstellen sollte. Aber wie hieß es doch so schön: Kommt Zeit, kommt Rat.

»Auf gar keinen Fall!«, widersprach ich. »Aufgeben kommt nicht infrage. Lass uns dem Geheimnis auf den Grund gehen!«

Das ließ sich Liz nicht zweimal sagen, ihre Augen glitzerten vorfreudig.

»Ich bin so was von bereit. Girlpower für immer!«

Sie hielt mir die Hand hin und ich klatschte sie ab. Und es fühlte sich schon jetzt so an, als würde Liz und mir ein großes Abenteuer bevorstehen.

Ein Abenteuer, das wir so schnell nicht wieder vergessen würden.

Andächtig nahm ich das Notizbuch aus der Innenlasche des Grimoires.

»Ich verspreche dir, ich werde dich nicht enttäuschen, Oma«, flüsterte ich, obwohl ich keine Ahnung hatte, was auf mich zukommen würde.

KAPITEL 18

Die Vergangenheit klopft an –
und ich bin nicht bereit dafür!

Ich schlug das dünne Notizbuch auf. Die Schrift war kaum leserlich, die Tinte verblasst und das dünne Papier vergilbt und fleckig.

Es enthielt unter anderem die Wirkungszauber der unterschiedlichen Rezepte, handschriftliche Aufzeichnungen sowie Berechnungen.

»Schau mal, da hat deine Oma jeweils die vier grundlegenden Schokoladen- und Kakaosorten untersucht«, murmelte Liz.

SCHOKOLADENSORTEN:

Bitterschokolade:	*mind. 70 % Kakaoanteil*
Halbbitterschokolade:	*mind. 50 % Kakaoanteil*
Vollmilchschokolade:	*mind. 30 % Kakaoanteil*
Weiße Schokolade:	*mind. 20 % Kakaoanteil*

KAKAOSORTEN:
Criollo:
in Venezuela und Mittelamerika heimische Kakaosorte
Merkmal: kaum bitter oder säuerlich, milder Kakaogeschmack,
ausgeprägte Nebenaromen
Besonderheit: bester Edelkakao

Forastero:
stammt ursprünglich aus den Regenwäldern des Amazonas, wird vor allem in Westafrika und Brasilien angebaut
Merkmal: meist kräftiger, intensiver Kakaogeschmack, kaum aromatisch, kann säuerlich oder bitter schmecken
Besonderheit: macht etwa 90 % der weltweiten Ernte aus und wird als Konsumkakao bezeichnet

Nacional:
Kakaosorte, die ausschließlich in Ecuador angebaut wird
Merkmal: ausgeprägtes Aroma, teils blumiger Geschmack (Jasmin, Flieder, Veilchen, Orangenblüten)
Besonderheit: zählt zu den Edelkakaos

Trinitario:
stammt ursprünglich aus Trinidad, wird heute hauptsächlich in Indonesien, Südamerika und Sri Lanka angebaut
Merkmal: ausdrucksstarke Aromen, kräftiger Geschmack, leicht säuerlich
Besonderheit: in dieser Sorte mischen sich die feinen Aromen vom Criollo und die Robustheit vom Forastero, zählt zu den Edelkakaos

Unter die Aufzeichnungen hatte meine Oma folgendes Zitat geschrieben: »Eine Bohne, je edler und rein, wird von leuchtender Wahrheit sie sein.«

»Hmmh, was soll das bedeuten?«, überlegte Liz laut. »Je edler eine Kakaobohne ist und je intensiver der Geruch, desto stärker kannst du die Bilder im Kakaonebel wahrnehmen?«

»Das würde zumindest unsere Vermutung bestätigen«, nickte ich und las die Erklärungen zu den Rezepten noch mal ganz genau. Bei der Glasklaren Glücksschokolade stand zum Beispiel:

»um dem Glück auf die Spur zu kommen«. Wenn man die einzelnen Erläuterungen durchging, so schien jedem Rezept eine andere Wirkung zuzuschreiben zu sein. Zum Beispiel war es möglich, den Charakter einer Person zu beleuchten, die Absichten eines Menschen vorherzusehen oder einen Blick in die Liebe, Karriere oder zukünftige Familienplanung zu werfen. Und so weiter und so fort. Doch alle Rezepte hatten eines gemein: Sie dienten dazu, die Zukunft zu ergründen.

»Wahnsinn«, staunte ich.

Ich blätterte weiter und stieß dabei auf einen alten Tagebucheintrag meiner Oma, der auf den 12. Dezember 1969 datiert war.

Nach einer langen Zugfahrt bin ich endlich in Paris angekommen. Es ist dunkel und klirrend kalt, Schneeflocken glitzern am Boden und über mir funkeln die Sterne in unendlich weiter Ferne. Im Hintergrund ragt der Eiffelturm empor. Es fühlt sich an, als würde sein Leuchten etwas Licht in meine Dunkelheit bringen.

In meinem Kopf wüten so viele Fragen.

Doch ich weiß, ich bin mit meiner Gabe nicht allein. Der Kakao hat mir einen Hinweis gegeben.

Gleich werde ich ihm begegnen, einem anderen Duftseher.

Der Gedanke, dass ich nicht die Einzige mit dieser besonderen Begabung bin, beruhigt und verängstigt mich gleichermaßen. Werden andere auch so verantwortungsvoll mit ihrer Gabe umgehen? Wissen bedeutet Macht. Und Macht ist gefährlich. Ein schmaler Grat zwischen Vernunft und Wahnsinn.

Vom Weihnachtsmarkt weht der Geruch von gebrannten Mandeln, Schmalzkuchen und Crêpes zu mir herüber, gefolgt von dem süßen Duft heißer Schokolade.

Bilder tun sich vor meinem inneren Auge auf. Und auf einmal weiß ich es.

Der Kakao wird mir den richtigen Weg weisen und mich zur Erleuchtung führen. Mir meine wahre Bestimmung zeigen.

Er birgt eine Vorahnung auf das, was einmal sein könnte. Er lässt uns träumen und einen Blick in die Zukunft werfen.

Es ist meine Aufgabe, die Welt da draußen zu schützen.

Und dieses Wissen darf nicht in die falschen Hände geraten. Niemals.

Liz und ich sahen einander an. In diesem Moment klopfte jemand eindringlich an die Tür, und wir fuhren erschrocken zusammen.

»Mila? Kann ich reinkommen?«

Verflucht, es war Lou! Und sicherlich hatte er Ophelia im Schlepptau. Die beiden durften unter keinen Umständen das Grimoire sehen!

Liz schien das Gleiche zu denken, denn sie riss entsetzt die Augen auf.

Die Klinke neigte sich bereits verdächtig nach unten.

»Momeeeent!«, rief ich. »Ich ziehe mich gerade um!«

»Wohin mit dem Grimoire?«, zischte Liz.

Hektisch sah ich mich im Zimmer um, während Louis vor der Tür weiterredete.

»Madame Pompidou lässt fragen, ob ihr auch ein Stück Torte möchtet?«

Ich hörte nur mit halbem Ohr zu, da ich viel zu sehr damit beschäftigt war, einen passenden Platz für das Grimoire zu suchen. Wie aufgescheuchte Hühner tippelten Liz und ich durchs Zimmer.

Nachdem wir einvernehmlich entschieden hatten, dass unter dem Kopfkissen kein sonderlich gutes Versteck war, zumal ständig eine Putzkolonne durch den Palast wirbelte und alles auf den Kopf stellte, nahmen wir mit meinem Koffer vorlieb.

Dort vergrub ich das Buch tief unten zwischen Slips und Socken, in der Hoffnung, dass es niemand finden würde.

»Wir müssen unbedingt ein Vorhängeschloss kaufen«, meinte Liz.

Keine Sekunde später wurde die Tür aufgerissen, und Ophelia spazierte so selbstverständlich herein, als würde ihr der gesamte Élysée-Palast gehören. Peinlich berührt und mit roten Ohren stand Louis hinter ihr, dem es sichtlich unangenehm zu sein schien, dass Ophelia einfach so hereingeplatzt war. Cem lehnte an der gegenüberliegenden Wand meiner Zimmertür. Stand er dort schon die ganze Zeit?

»Ups«, sagte Ophelia mit gespielt unschuldigem Augenaufschlag. »Da ist mir doch glatt die Hand auf der Türklinke ausgerutscht.«

»Mir rutscht gleich auch was aus! Noch nie was von Privatsphäre gehört?«, fauchte Liz und sah so aus, als würde sie Ophelia auf der Stelle an die Gurgel gehen wollen.

»Noch nie was von Stil gehört?«, konterte diese, bevor ihr Blick an mir hängen blieb.

»Seid ihr fertig mit euren Mädchenangelegenheiten? Und wolltest du dich nicht umziehen? Wenn mich nicht alles täuscht, Mila, trägst du immer noch die Schuluniform.«

Eins zu null für sie. Doch ich schluckte meine Rachegelüste herunter und fletschte stattdessen die Zähne. Wahrscheinlich hatte ich äußerst viel Ähnlichkeit mit einem Piranha.

Falls Louis darüber irritiert war, so zeigte er es nicht. »Wie wäre es, wenn wir einfach schon mal in die Küche vorgehen?«, schlug er beschwichtigend vor, doch keine von uns beachtete ihn. Er tat mir leid. Sichtlich überfordert stand er zwischen uns drei Mädchen und wusste allem Anschein nach nicht, was er machen sollte. Ich konnte es ihm nicht verübeln.

Ophelia funkelte Liz und mich giftig an.

»Irgendetwas ist komisch an euch. Ihr habt doch ein Geheimnis. Oder wieso verschanzt ihr euch die ganze Zeit in diesem Zimmer und denkt euch fadenscheinige Ausreden aus?«

Kurz war mir richtig mulmig zumute. Doch dann dachte ich an meine Oma. Ophelia würde ihr Vermächtnis nicht durch den Dreck ziehen. Und ganz gewiss würde ich mich von dieser Giftnatter nicht in die Enge treiben lassen.

Meine Stimme war erstaunlich ruhig, während ich innerlich brodelte.

»Ophelia, wieso kümmerst du dich nicht um deine eigenen Angelegenheiten? Oder ist dein Leben so langweilig, dass du dich in das anderer Menschen einmischen musst? Das tut mir wirklich leid. Wie wäre es, wenn du dir mal andere Hobbys suchst als Sticheln und Herumschnüffeln?«

Liz sah mich anerkennend von der Seite an, Ophelia fiel die Kinnlade herunter und Louis musste sich ein Grinsen stark verkneifen.

Wenn Ophelia Krieg haben wollte, dann bitte schön. Der Punktestand hatte sich soeben verändert.

Eins zu eins.

Hocherhobenen Hauptes stolzierte ich an ihr vorbei aus dem Zimmer und war mächtig stolz auf mich.

KAPITEL 19

Meine rosarote Brille
hat den Durchblick verloren!

Die erste Woche in Paris verging wie im Flug. Leider kamen Liz und ich in den nächsten Tagen nicht dazu, uns weiter mit dem Grimoire zu befassen, denn immer stand etwas an. Ein Ausflug nach Notre-Dame (die Pariser Kirche befand sich nach einem verheerenden Brand noch immer im Wiederaufbau), ein Museumsbesuch, eine Bootsfahrt auf der Seine oder ein Bummel auf den Champs-Élysées. Unter der Woche unternahmen wir viel mit unseren französischen Gastpartnern. Die Abende verbrachte ich meist mit Louis im Élysée-Palast.

Freitagmittag standen Louis und ich an dem Tor der Saint-Clément. Wir hatten den Nachmittag überraschend freibekommen, da spontan eine Lehrerkonferenz einberufen worden war. Gerade winkte Liz uns zum Abschied zu, während Ophelia Louis einen Handkuss zuhauchte.

Mittlerweile stieg meine Abneigung ihr gegenüber ins Unermessliche. Und auch Liz zog ein Gesicht wie sieben Tage Regenwetter. Ich wusste, dass sie alles andere als erfreut war, das Wochenende mit Ophelia und ihrer Familie zu verbringen. Sie hatte mein volles Mitgefühl.

Louis' Vater hatte versprochen, sich den Nachmittag frei zu halten, um mit uns einen Ausflug zum Eiffelturm zu machen.

In der Sekunde, als Louis sowohl seinem Vater als auch Cem schreiben wollte, dass wir bereits Schulschluss hatten, vibrierte sein Handy. Als er auf das Display starrte, verzog sich seine betont fröhliche Fassade zu einer verzerrten Maske. So grimmig hatte ich ihn noch nie erlebt.

»Es war so klar«, schnaubte er. »Immer geht seine Arbeit vor. Ich hab seine Ausreden echt satt.«

Unwirsch schüttelte er den Kopf, bevor er das Handy zurück in seine Hosentasche schob.

»Wieso, was ist los?«, fragte ich teilnahmsvoll. »Ist was passiert?«

»Ach, mein Vater, das ist los. Unser Ausflug zum Eiffelturm fällt ins Wasser. Es ist ihm mal wieder ein Termin dazwischengekommen.« Er presste die Lippen zu einer schroffen Linie zusammen.

Zaghaft berührte ich ihn am Arm. »Hey, ist doch nicht so schlimm. Dann holen wir das nach.«

Louis trat wütend gegen einen Kieselstein. Er prallte an einem Laternenpfahl ab und hüpfte zur Seite.

»Es geht ums Prinzip. Immer verspricht er was und hält es dann doch nicht ein!«

Er wirkte sehr enttäuscht. Doch plötzlich zeichnete sich Entschlossenheit auf seinem Gesicht ab.

»Weißt du was? Dann machen wir den Ausflug eben allein!«

»Aber sollten wir uns nicht wenigstens bei Cem melden, dass wir bereits Schulschluss haben und er uns abholen kommt?«, wagte ich einzuwerfen. »Dein Vater macht sich sonst sicherlich Sorgen.«

Louis zuckte mit den Schultern. »Was er nicht weiß, macht ihn nicht heiß. Papa ahnt ja nicht, dass wir bereits Schulschluss haben. Wir sind rechtzeitig wieder zurück an der Saint-Clément, wenn Cem uns abholen kommt. Also, bist du dabei?«

»Ich weiß nicht …« Zweifel keimten in mir auf, unentschlossen kaute ich auf meiner Unterlippe herum. Einerseits hielt ich es für keine sonderlich gute Idee, Cem und den Präsidenten so hinters Licht zu führen, doch auf der anderen Seite klang es äußerst verlockend, ein paar Stunden mit Louis allein zu sein und gemeinsam die Straßen von Paris unsicher zu machen.

»Na, komm schon. Das wird lustig. Was ist denn gegen einen kleinen Ausflug zu zweit einzuwenden?«

Er schenkte mir ein strahlendes Lächeln. Und da war wieder dieses übermütige Glitzern in seinen Augen.

Ich merkte, wie ich dahinschmolz wie ein Eis in der Sonne. Verdammt, es war nicht leicht, standhaft zu bleiben, wenn Louis mich so ansah.

Die Schmetterlinge in meinem Bauch meldeten sich zu Wort.

Ohne dass ich etwas daran ändern konnte, hoben sich meine Mundwinkel ebenfalls zu einem Lächeln.

»Na gut«, gab ich seufzend nach und warf beim Blick in Louis' Augen alle Zweifel über Bord.

Wir fuhren mit der Métro in die Innenstadt und stiegen an der Station Trocadéro aus. Von da waren es laut Louis noch etwa fünfzehn Gehminuten bis zum Eiffelturm.

Das Wetter war herrlich, die Sonne schien und ließ die Seine verführerisch funkeln. Fast sah es so aus, als würden Kristalle auf der Wasseroberfläche glitzern, während Touristenboote gemächlich über den Fluss tuckerten.

Für einen Moment schloss ich die Augen und genoss die Wärme auf meiner Haut. Ich fühlte mich so leicht wie schon lange nicht mehr. Kurz schweiften meine Gedanken zu dem Grimoire ab, doch heute wollte ich einfach nur ein ganz normales Mädchen sein. Ein normales Mädchen, das mit einem tollen Jungen Paris erkundete.

. Auf einmal spürte ich eine hauchzarte Berührung auf meiner Wange, wie der Flügelschlag eines Kolibris.

Als ich meine Lider öffnete, stand Louis so dicht vor mir, dass mein Herz vor lauter Aufregung einen Purzelbaum schlug. Meine Kehle fühlte sich mit einem Mal ganz trocken an. Noch nie war ich einem Jungen so nah gekommen.

Er hielt mir seinen Zeigefinger entgegen und lächelte. »Du hattest da eine Wimper. Jetzt darfst du dir etwas wünschen.«

Ich musste nicht lange überlegen, bevor ich meine Bitte mit einem Atemzug hinaus in die Welt schickte.

Wir passierten eine Brücke, bis wir den Fuß des Eiffelturms erreichten. Ich schirmte meine Augen mit der Hand vor der gleißenden Sonne ab und sah an dem riesigen Gebilde empor.

Der Andrang unter dem Eiffelturm war riesig. Anscheinend wollte es sich niemand nehmen lassen, wenigstens einmal das Wahrzeichnen von Paris zu erklimmen. Auch auf der Wiese vor dem Eiffelturm tummelten sich etliche Touristen. Sie picknickten, machten Fotos und genossen das schöne Wetter.

»Treppe oder Aufzug?«, fragte Louis.

»Treppe natürlich!«, sagte ich bestimmt. Wenn schon, denn schon.

Also kaufte Louis zwei Tickets für uns.

Der Aufstieg war kräftezehrend, da die Hitze kein Erbarmen hatte. Schon nach wenigen Minuten klebte mein Schuluniform-Shirt wie eine zweite Haut an mir. Und ich hatte den unguten Verdacht, dass mein Deo gerade auf ganzer Linie versagte.

Doch kaum hatten Louis und ich schließlich die zweite Plattform erreicht, wurden wir mit einer wahnsinnig schönen Aussicht belohnt.

»Wow«, platzte es aus mir heraus.

»Und? Habe ich zu viel versprochen?«

Ich schüttelte schweigend den Kopf und ließ meinen Blick schweifen.

Weit unter uns glitzerte die Seine, und die Touristenboote, die Bateaux Mouches, wirkten von hier oben nur noch wie niedliche Miniaturausgaben.

Ich erspähte unter anderem den Tour Montparnasse, das höchste Haus von Paris, und den Invalidendom, dessen goldene Kuppel sich vor den restlichen hellen Häusern deutlich abzeichnete.

»Besonders romantisch ist die Aussicht kurz vor Sonnenuntergang, wenn alle Lichter strahlen«, sagte Louis. Ich spürte seinen Seitenblick auf mir und erneut begann es in meinem Bauch zu kribbeln.

Auch wenn es nicht Nacht war, fand ich die Stimmung auch jetzt sehr romantisch. Es fühlte sich so an, als würde etwas Besonderes in der Luft liegen.

Ob es Louis auch so ging?

Schweigend betrachteten wir das Panorama vor uns, als Louis plötzlich das Wort ergriff.

»Sag mal«, begann er zaghaft und drehte sich zu mir. »Stimmt es eigentlich, was Ophelia gestern gesagt hat? Dass Liz und du ein Geheimnis habt und ihr euch deshalb zurückgezogen habt? Du wirkst manchmal so verschlossen und in dich gekehrt.«

Mein Puls beschleunigte sich, Übelkeit stieg in mir auf. Was sollte ich darauf nur antworten? Auf der einen Seite wünschte ich mir nichts mehr, als Louis die Wahrheit über mich zu sagen und mich jemand anderem außer Liz anvertrauen zu können.

Doch auf der anderen Seite hatte ich wahnsinnige Angst, dass Louis meinem süßen Talent auf die Schliche kommen könnte. Angst, dass er mich als verrückt abstempelte.

Es war mir wichtig, was Louis von mir hielt. Sehr wichtig sogar.

»Ach, Ophelia hat sich da irgendwas zusammengereimt«, antwortete ich eine Spur zu brüsk. »Ich wollte einfach etwas Zeit allein mit meiner besten Freundin haben. Das ist alles.«

Die Ausrede klang selbst in meinen Ohren verdammt lahm, doch was hätte ich Louis anderes sagen sollen?

Ja, Louis. Ich habe ein Geheimnis. Sobald ich Kakao rieche, kann ich in die Zukunft blicken. Aber bitte halt mich nicht für bekloppt.

Louis schien in der Tat noch nicht vollständig überzeugt. Er holte tief Luft und sah mir fest in die Augen. Zu meinem Erstaunen las ich Zweifel darin. Zeitgleich fiel mir auf, dass der Rand um seine Pupillen fast schon türkisfarben war. Wie das Wasser in der Karibik.

»Oder liegt es daran, dass du vielleicht nicht gerne Zeit mit mir verbringst?«

Ich starrte Louis vollkommen perplex an. Die Frage schien ihn ernsthaft zu beschäftigen, denn er wirkte längst nicht mehr so fröhlich, wie ich es von ihm gewohnt war. Vielmehr ... nachdenklich und bedrückt.

Wie kam er bloß auf die absurde Idee, dass ich nicht gerne Zeit mit ihm verbrachte?

»Was?«, krächzte ich.

Ich wusste nicht, wie ich reagieren sollte. Louis hatte ja keinen blassen Schimmer, dass ich auf dem besten Weg war, mich in ihn zu verlieben. Obwohl mir natürlich klar war, dass ich null Chancen bei ihm hatte. Noch nie hatte ich einen Jungen wie Louis getroffen. Aufmerksam, lustig, charmant und einfühlsam. Ma hatte recht, es gab Prinzen. Aber was, wenn ein solcher Prinz für einen völlig unerreichbar war?

»Nein, so ist das nicht, Louis. Wirklich nicht. Ich verbringe gerne Zeit mit dir.«

Sehr gerne sogar, fügte ich in Gedanken hinzu.

Und endlich war da wieder dieses Lächeln in Louis' Gesicht. Jenes, das mir jedes Mal den Boden unter den Füßen wegzureißen drohte.

Er fuhr sich durch sein blondes Haar, das jetzt schon zu allen Seiten abstand, da der Wind hier oben ordentlich über die Plattform fegte.

»Da bin ich froh. Denn …« Wieder sah er mich ernst an. »Ich mag dich, Mila Kornblum.«

O Gott. Mein Herz war kurz davor, Louis direkt vor die Füße zu springen. Bis –

»Du bist echt eine gute Freundin.«

Wumms, wurde ich auf den Boden der Tatsachen zurückgeholt. Ein fieses Stechen machte sich in meiner Brust bemerkbar, während mein Herz in schwindelerregender Schnelligkeit vom Eiffelturm hinabstürzte.

Freunde. Ich würde für Louis nie mehr sein als eine Freundin. Was hatte ich denn auch anderes erwartet? Mila Kornblum und der Sohn des französischen Präsidenten?

Das konnte gar nicht klappen. Wir beide stammten aus total unterschiedlichen Welten. Und diese Erkenntnis wurde mir in diesem Augenblick schmerzlich bewusst.

Ich hörte Ophelia in meinem Kopf hämisch lachen.

So bitter es auch war, sich das einzugestehen, aber Ophelia verkehrte wenigstens in Louis' Welt. Eine Welt, die aus Privatschulen, reichem Elternhaus und allem möglichen Schnickschnack bestand.

»Freunde«, wiederholte ich tonlos und zwang mich zu einem Lächeln.

Louis schien davon nichts mitzubekommen, denn er zückte sein Handy. »Komm, lass uns ein Erinnerungsfoto machen.«

Dabei rückte Louis so dicht an mich heran, dass seine Wange meine berührte. Überall an meinem Körper kribbelte es. Als würden kleine Ameisen darüber hinweglaufen.

Ich spürte die Wärme, die von Louis ausging. Und ich nahm sein Parfüm wahr, das so herrlich frisch nach Minze roch.

»Smile«, sagte Louis und machte ein paar Selfies von uns. Ich lächelte krampfhaft, während in mir alles ganz still und leise wurde.

KAPITEL 20

Fehler sind für Anfänger.
Ich erschaffe Katastrophen!

Nachdem Louis und ich wieder die Treppenstufen nach unten bewältigt hatten, schlug er vor, noch zwei E-Scooter zu mieten und damit durch Paris zu düsen.

Gesagt, getan.

Die angesagten Roller standen in der gesamten Stadt an nahezu jeder Straßenecke, sodass es kein Problem war, zwei Flitzer ausfindig zu machen. Über eine App mussten Louis und ich den Code, der sich an den E-Scootern befand, scannen und bezahlen, und schwuppdiwupp wurden die Roller entriegelt und es konnte losgehen.

Es machte unheimlich Spaß, am Ufer der Seine entlangzusausen, und allmählich blies der Sommerwind auch meine trüben Gedanken über das Freunde-Ding zwischen Louis und mir fort. Unterwegs legten wir noch einen kurzen Stopp ein, um uns ein Eis zu gönnen.

Wir hatten die Zeit vollkommen aus den Augen verloren, als Louis' Handy klingelte. Seine Miene verdunkelte sich.

»Ja?« Ich konnte nicht verstehen, was die Person am anderen Ende sagte, doch es schien nichts Gutes zu sein.

»Cem, entspann dich. Wir hatten eher Schulschluss und haben uns noch ein bisschen Paris angeschaut. Was ist denn dabei?«, rechtfertigte er sich und rieb sich über die Schläfe. Er war über den Verlauf des Telefonats sichtlich genervt.

Prompt machte sich das schlechte Gewissen in mir breit. Auweia, das klang überhaupt nicht gut. Wieso hatte ich nicht auf mein Bauchgefühl gehört und Louis von unserem Ausflug abgehalten?

Richtig, weil mein Herzflattern gesiegt hatte, gab ich mir selbst die Antwort und verfluchte mich für meine Dummheit.

»Wir sind bei der Militärschule, an der Métrostation École Militaire.«

Als Cem uns abholte, herrschte eisiges Schweigen. Obwohl es draußen sommerlich warm war, hatte sich die Temperatur im Inneren der Limousine deutlich abgekühlt. Und das lag keinesfalls an der Klimaanlage.

»Es tut mir leid, Cem«, durchbrach Louis die Stille.

Der Bodyguard schnaubte nur. »Sag das deinem Vater.«

»Er weiß Bescheid?« Louis wurde blass um die Nase.

»Natürlich weiß er Bescheid, was denkst du denn? Es ist verdammt noch mal meine Aufgabe, dich zu beschützen! Das ist mein Job und ich bete für dich, dass er das morgen immer noch ist. Hast du mal daran gedacht, was auch für mich auf dem Spiel steht? Ich habe eine Frau und einen Sohn, um die ich mich kümmern muss!«, wies er Louis zurecht und warf einen Blick in den Rückspiegel.

Cem hatte eine Familie? Davon hatte ich nichts gewusst. Genau genommen erzählte der Bodyguard recht wenig über sich.

Ich rutschte noch tiefer in meinen Sitz und machte mich so klein wie nur möglich. Ich wusste nicht, wann ich das letzte Mal von derartigen Gewissensbissen geplagt worden war.

»Es ist doch nichts passiert«, versuchte Louis, ihn zu beschwichtigen, doch damit machte er es nur noch schlimmer.

»Ach, dann hast du all die Drohbriefe also schon wieder vergessen, ja? Ich hätte dich für klüger gehalten«, erwiderte Cem bitter. »Das ist kein Spaß, Lou. Du hast sowohl dich als auch andere wissentlich in Gefahr gebracht.«

Drohbriefe?! In meinem Kopf schrillten die Alarmglocken. Ganz offensichtlich war ich nicht die Einzige in diesem Wagen, die Geheimnisse mit sich herumtrug.

Ich warf Louis einen stummen Seitenblick zu. Da er jedoch nicht gewillt war, mich über den Sachverhalt aufzuklären, wandte ich mich an Cem. »Ähm, was für Drohbriefe denn?«

Louis verschränkte die Arme vor der Brust.

Der Bodyguard sah mich forschend im Rückspiegel an, die Augenbrauen dicht zusammengezogen. Er schien mit sich zu hadern, rang sich jedoch zu einer Antwort durch.

»Vor etwa zwei Monaten erreichten anonyme Drohbriefe den Palast. Darin wurde angekündigt, Louis zu entführen, wenn der Präsident die Ausrichtung seiner Politik nicht ändern würde. Daraufhin wurde die Sicherheit im Palast verschärft. Der Präsident war kurz davor, den geplanten Schüleraustausch abzublasen.«

O Gott. Mit weit aufgerissenen Augen starrte ich entsetzt zwischen Louis und Cem hin und her. Ich spürte, wie mir jegliches Blut aus dem Gesicht wich.

Jemand hatte gedroht, Louis zu entführen?! Warum hatte Lou nichts gesagt?

Ich begann, die vielen Wachposten im Élysée-Palast in einem ganz anderen Licht zu sehen. Es ging nicht mehr nur um die Sicherheit des französischen Präsidenten, sondern auch um die seines Sohnes.

Pierre Dupont hatte Angst um sein eigenes Kind.

Allein die Vorstellung, jemand hätte Louis etwas antun wollen … nicht auszudenken.

Plötzlich kam mir ein ganz anderer Gedanke. Ob das auch Omas Grund gewesen war, ihre Gabe als Duftseherin zu verbergen? Weil es dort draußen Menschen gab, die keine Skrupel hatten? Die alles dafür taten, um zu bekommen, was sie wollten?

»Ich ... ich wollte niemanden in Gefahr bringen, das musst du mir glauben.« Doch anstatt Cem anzusehen, guckte Louis mich entschuldigend an. »Ich ... wollte einfach mal wieder ein ganz normaler Junge sein. Ich dachte, du könntest das verstehen, Cem. Als mein Freund.« Seine Stimme war nicht mehr als ein Flüstern, und mein Herz brach.

Denn in dem Moment wurde mir klar, was dieser Ausflug für ihn bedeutet hatte. Ein winziges Stück Freiheit. So wie auch ich mir heute gewünscht hatte, einfach nur ein normales Mädchen zu sein.

Aber sosehr Louis und ich uns vor unserem Schicksal auch fürchteten ... wir konnten nicht davor weglaufen.

Zumindest in dieser Hinsicht waren wir vollkommen gleich.

Cem seufzte schwer. Er schien noch immer wütend, jedoch nicht mehr ganz so schlimm wie zuvor.

»Lou, ich kann dich verstehen. Aber du bist nun einmal der Sohn des französischen Präsidenten. Und auch wenn ich dir ein Freund sein möchte ... In allererster Linie bin ich für dein Wohlergehen und deine Sicherheit verantwortlich. Das wird immer oberste Priorität haben. So schwer es dir auch fallen mag, das zu akzeptieren. Du kannst nicht ändern, wer du bist.«

Du kannst nicht ändern, wer du bist.

Cems Satz brannte sich tief in mein Gedächtnis.

KAPITEL 21

Das Chaos verfolgt mich, ich kann nichts dafür!

Louis' Vater war stinksauer. Zumal mittlerweile die Presse Wind davon bekommen hatte und auf diversen Onlineportalen französischer Klatschmagazine von unserem Ausflug berichtet wurde. »Verzogener Präsidentensprössling auf Flucht durch Paris« war noch eine der harmlosesten Überschriften.

Ich fragte mich, wie diese Information überhaupt so schnell an die Öffentlichkeit hatte gelangen können. Gerade war allerdings nicht der geeignete Zeitpunkt, um sich darüber den Kopf zu zerbrechen.

Mit vor der Brust verschränkten Armen wartete der Präsident bereits im Foyer auf uns, seine Miene war starr wie eine Maske und ließ keine Vermutung darüber zu, was ihm durch den Kopf ging. Obwohl er bemüht war, seine autoritäre Fassade aufrechtzuerhalten, war sein Körper so angespannt wie ein Flitzebogen.

»Was hast du dir nur dabei gedacht, Louis?«, fragte er.

Seine Stimme war zwar erstaunlich ruhig, dennoch schwang ein wütender, vorwurfsvoller Unterton darin mit.

»Sprichst du jetzt als Präsident zu mir? Oder als mein Vater?«, brach es trotzig aus Louis heraus.

Für einen Augenblick wirkte es fast so, als hätten Louis' Worte seinen Vater tatsächlich getroffen. Er schwieg einige Sekunden lang, bis er sich wieder gesammelt hatte.

»Als Präsident würde ich dir jetzt sagen, dass du mich vor der gesamten Nation infrage gestellt hast und dass ich diese Aktion auf keinen Fall billigen kann. Als Vater hingegen kann ich dir nur sagen, dass du mich heute maßlos enttäuscht und mein Vertrauen missbraucht hast.«

Autsch, das hatte gesessen.

Louis schluckte schwer.

Der Präsident sah zwischen Cem und mir hin und her. »Wenn ihr uns entschuldigen würdet, ich habe mit meinem Sohn ein ernstes Gespräch unter vier Augen zu führen.«

Cem trat einen Schritt nach vorne.

»Bitte seien Sie nicht so streng mit ihm. Er war leichtsinnig, aber er hat seine Tat sicher nicht weiter bedacht. Waren wir als Jugendliche nicht alle mal unvorsichtig?«

Kurz schien der Präsident in Erinnerungen an seine eigene Jugend zu schwelgen.

»Es ehrt dich, dass du dich für Louis einsetzt. Und ich weiß deine Aufrichtigkeit und Loyalität zu schätzen. Doch das ist eine persönliche Angelegenheit zwischen mir und meinem Sohn. Wir reden später, Cem.«

»Natürlich, *Monsieur le Président*. Wie Sie wünschen.« Der Bodyguard nickte.

Während Pierre Dupont mit seinem Sohn in einem der Zimmer verschwand, blieben Cem und ich allein zurück und nahmen auf zwei gepolsterten Sesseln Platz.

Ich fühlte mich hundeelend.

»Cem, ich möchte mich bei dir entschuldigen. Es tut mir sehr leid, dass wir dich in diese Zwickmühle gebracht haben. Das war dumm und unverantwortlich.«

Cem lächelte mich an. »Es ist nicht deine Schuld, Mila. Louis hat gewusst, worauf er sich einlässt. Und du konntest nicht ahnen, was sein Spontanausflug nach sich ziehen würde.«

Ich knabberte nervös an meiner Unterlippe.

»Du wirst doch unseretwegen jetzt nicht entlassen, oder?«, fragte ich mit zitternder Stimme.

»Alles wird gut. Mach dir keine Sorgen, Mila«, sagte er, doch Cem sah so aus, als würde er sich genau darüber den Kopf zerbrechen.

Es entstand eine kurze Pause.

»Mila?«

»Ja?« Ich blickte den Bodyguard ängstlich an.

»Ich weiß nicht, wann ich Louis zuletzt so gut gelaunt gesehen habe wie an deiner Seite. Weißt du, für ihn ist das Leben hier im Palast nicht einfach. Er wurde aus seinem gewohnten Umfeld gerissen, musste seine bisherigen Freunde aufgeben. Du tust ihm gut. Ganz anders als seine arroganten Mitschüler von der Privatschule. Er passt da überhaupt nicht rein.«

»Du redest gerade aber nicht von Ophelia, oder?«, forschte ich nach.

»O Gott, Ophelia, wie ich diese aufgeblasene Kuh nicht ausstehen kann. Ups, habe ich das etwa laut gesagt?« Cem hielt sich in dramatischer Geste die Hand vor den Mund. Er grinste mich breit an. »Das habe ich nie offiziell gesagt. Verrat mich bloß nicht.«

Jetzt musste auch ich grinsen. Cem hatte soeben noch ein paar Pluspunkte mehr bei mir gesammelt.

»Keine Bange, dein Geheimnis ist bei mir sicher.«

Wir zwinkerten einander verschwörerisch wie zwei Komplizen zu.

»Du hast also einen Sohn?«, fragte ich neugierig nach. »Zeigst du ihn mir mal?«

Auf einmal strahlte Cem übers ganze Gesicht. Sogleich zog er sein Handy aus der Hosentasche und beugte sich zu mir herüber.

Auf dem Display grinste mir ein kleiner Fratz mit beneidenswert braunen Kulleraugen und verwuschelten Haaren verschmitzt entgegen. Die Ähnlichkeit zu Cem war nicht zu übersehen.

»Das ist Yunus«, sagte Cem mit vor Stolz geschwellter Brust. »Er ist vor Kurzem zwei Jahre alt geworden.«

»Er ist goldig«, gab ich zurück. »Und er hat deine Augen.«

Liebevoll betrachtete Cem seinen Sohn, bevor er einmal weiterwischte. Auf dem nächsten Foto war er mit einer jungen Frau und Yunus zu sehen. Sie alle lächelten in die Kamera. Die drei sahen aus wie eine glückliche Familie.

»Und das hier ist meine Frau Dilara«, schwärmte Cem und ich erspähte ein Glitzern in seinen Augen. Ob ein Junge irgendwann auch einmal so von mir sprechen würde, wie Cem es von seiner Frau tat? Ein Gefühl von Sehnsucht erfasste mich.

»Weißt du, früher als Jugendlicher war ich anders. Wild, ungestüm und neugierig. Hab mir nichts sagen lassen. So wie Louis. Doch seit ich Vater geworden bin, hat sich das mit einem Schlag geändert. Plötzlich ist da jemand, für den man Verantwortung übernehmen muss. Vielleicht ist das auch der Grund, warum ich vorhin so hart zu Louis war. Ich möchte einfach nicht, dass ihm etwas passiert. Und ich kann die Besorgnis seines Vaters verstehen.«

Cem seufzte tief.

Ich blickte ihn an. »Weißt du, Cem, Louis kann ebenfalls sehr froh sein, dich als Bodyguard zu haben. Und als Freund«, sagte ich aufrichtig und entlockte Cem damit sogar ein Lächeln.

Auf einmal wurden Stimmen hinter der Zimmertür laut, hinter der Louis und sein Vater verschwunden waren, und Cem und ich zuckten in unseren Sesseln zusammen.

»Du verstehst mich einfach nicht!«, hörten wir Louis brüllen. »Ständig geht es nur um deine Arbeit. Genau deswegen hast du auch Mama vertrieben! Immer hat deine Scheißkarriere als Präsident Vorrang! Ich bin dir doch nur eine Last!«

Dann fiel etwas klirrend zu Boden.

Peinlich berührt sahen Cem und ich uns an. Am liebsten hätte ich mir die Ohren zugehalten.

Die Tür wurde aufgerissen. Louis stand im Türrahmen und war kreidebleich. Sein Blick schnellte unruhig hin und her, bis er uns in den Sesseln erspäht hatte.

»Cem, komm schnell, Papa ist umgekippt!«

Sofort schaltete der Bodyguard in sein professionelles Ich um, sprang hastig auf und eilte Louis zu Hilfe. Ich folgte ihm auf dem Absatz.

Der Präsident saß blass in einem Stuhl und rührte sich nicht. Neben ihm lag eine zerbrochene Vase, die äußerst teuer aussah. Ob Louis sie in seinem Ärger zu Boden geworfen hatte?

Louis hockte vor seinem Vater, Tränen hatten sich in seinen Augen gesammelt.

»Papa, was ist mir dir?«, stammelte er.

Der Präsident gab keinen Laut von sich.

»Louis, geh bitte mal zur Seite«, bat Cem und hockte sich vor den Präsidenten.

»*Monsieur le Président*, können Sie mich hören?«, fragte Cem und wedelte mit seiner Hand vor Pierre Duponts Gesicht herum.

Mit angstgeweiteten Augen stand ich im Türrahmen und verfolgte vollkommen hilflos das Szenario. Louis' verzweifelter Blick fand den meinen und mein Herz krampfte sich zusammen. Noch immer rührte sich der Präsident nicht. Sein Atem ging schwach. Er schien etwas sagen zu wollen, doch heraus kam nur ein krächzender Laut.

Cem tastete nach dem Puls des Präsidenten. »Irgendwas ist ganz und gar nicht in Ordnung. Das ist schon der dritte Vorfall in wenigen Wochen.«

»Was?« Louis riss erstaunt die Augen auf. »Warum hast du mir nichts gesagt?«

»Ich wollte dich nicht beunruhigen«, erklärte Cem. »Außerdem hat dein Vater mich gebeten, nichts zu sagen ... Ich glaube, es begann mit seinem Geruchsverlust.«

»Was ist denn hier los?«, ertönte plötzlich eine Stimme neben mir, und der Premierminister Jacques Dubois stand ebenfalls im Türrahmen. Ausgerechnet der!

»Um Himmels willen, *Monsieur le Président*! Was ist mit ihm?«, fragte er entsetzt. Dann wandte er sich zu Louis und mir und sah uns bitterböse an. »Das ist allein eure Schuld. Wie konntet ihr ihm einen solchen Kummer bereiten?! Und das so kurz vor seiner Ansprache zur Lage der Nation!«

Offensichtlich hatte sich unser Ausflug auch im Palast herumgesprochen.

»So, jetzt beruhigen wir uns alle mal wieder.« Cem hob beschwichtigend die Hände. »Es hilft niemandem, sich gegenseitig die Schuld in die Schuhe zu schieben.«

Doch Jacques Dubois ließ sich nicht beruhigen. Anklagend deutete er auf Louis.

»Du bist ein ungezogener Rotzlöffel mit keinerlei Manieren und eine Schande für deinen Vater!«

»Das geht jetzt aber entschieden zu weit, finden Sie nicht?«, versuchte Cem Louis zu verteidigen, doch ohne Erfolg.

Der Premierminister redete sich richtig in Rage.

»Wenn es nach mir ginge, dann hätte dein Vater dich längst ins Internat abgeschoben. Da wäre dir dein kindlicher Trotz schon noch abhandengekommen!«

War der Premierminister von allen guten Geistern verlassen? Wie konnte er nur so etwas Gemeines zu Louis sagen? Ich war schockiert über seine abgrundtief verletzenden Worte.

In dem Moment sprang Louis auf und rannte aus dem Zimmer. »Lou!«, rief Cem ihm hinterher, bevor er mich bittend ansah. »Mila, kümmerst du dich um ihn?«

Doch als ich auf dem Absatz kehrtmachen wollte, war da wieder dieser Geruch. Bitter und schimmelig. Und obwohl ich weit und breit nicht das Aroma von Kakao ausmachen konnte, waren da wieder diese zusammenhanglosen Bilder in meinem Kopf. Bilder, die ich auch schon in der Schokoladenstube von Monsieur Cadault wahrgenommen hatte. Bilder vom Palast.

Mein Blick blieb kurz irritiert an dem Premierminister hängen, denn eine leise Stimme in mir sagte, dass ich diese Bilder seinetwegen sah. Wegen des Geruchs, der von ihm ausging.

Jacques Dubois bemerkte meinen Blick und klatschte in die Hände. »Na, worauf wartest du noch? *Vite, vite!*«

Mit einem unguten Gefühl in der Magengrube wandte ich mich schließlich ab.

KAPITEL 22

Trau nie einem Gänseblümchen über den Weg!

Ich hatte keinen blassen Schimmer, wo Louis stecken konnte, geschweige denn wo ich anfangen sollte, nach ihm zu suchen. Der Élysée-Palast war riesig. Und wer nicht gefunden werden wollte, den fand man in dem unübersichtlichen Labyrinth aus Gängen und Gemächern sicherlich auch nicht so schnell. Bestimmt machte Louis sich wahnsinnige Vorwürfe.

Unschlüssig blickte ich von rechts nach links.

Ich beschloss, einen Abstecher in die Küche zu machen. Vielleicht hatte die Aussicht auf einen wärmenden Kakao Louis zu Madame Pompidou verschlagen, doch leider war er auch nicht bei der Köchin anzutreffen.

Kurz setzte ich Madame Pompidou über die Geschehnisse sowie über den Gesundheitszustand des Präsidenten in Kenntnis.

Sie machte ein schockiertes Gesicht. »Hoffentlich geht es Monsieur Dupont schnell wieder besser. Und der arme Louis! Er muss sich hundsmiserabel fühlen.«

»Haben Sie eine Ahnung, wo er sein könnte?«

Madame Pompidou schüttelte nachdenklich den Kopf, als sich ihr stark geschminktes Gesicht schlagartig erhellte.

»Vielleicht versuchst du es mal im Garten. Wenn Louis Ruhe zum Nachdenken braucht, geht er meistens dorthin.«

Natürlich, der Garten! Warum war ich nicht eher darauf gekommen?

Ich strahlte die Köchin an. »Vielen Dank, Madame Pompidou!« Ich wollte bereits aus der Küche laufen, als mich die Köchin zurückhielt.

»Warte mal, Mila.«

Kurz darauf kehrte sie mit einer Tasse Kakao zu mir zurück.

»Wenn nicht mal mein Spezialkakao ihn aufmuntern kann, dann weiß ich es auch nicht besser.«

Glücklicherweise konnte mir der Kakao nichts anhaben, denn ich hatte mir vorsorglich etwas von Liz' Minzöl unter die Nase gerieben, nachdem die Köchin mir den Kakao gegeben hatte.

Als ich den Garten betrat, saß Louis einsam und verlassen auf dem Rand des Springbrunnens und rupfte voller Inbrunst Gänseblümchen die Köpfe ab. Und ich dachte, das wäre nur so ein Ding von verliebten Trotteln. Da ich mir jedoch nicht vorstellen konnte, dass Louis verliebt war (zumindest nicht in mich!) und vermutlich gerade nicht »Sie liebt mich, sie liebt mich nicht« spielte, stellte ich mir die Frage: Was tat er da?

Wäre die Situation nicht so ernst gewesen, hätte die Dramatik fast schon etwas Lustiges an sich gehabt.

Zaghaft näherte ich mich Louis und deutete auf den freien Platz neben ihm.

»Darf ich?«, fragte ich.

Er blickte verwirrt auf und nickte dann.

»Ich hab eine Aufmunterung für dich, mit den besten Grüßen von Madame Pompidou.«

Ich reichte Louis die Tasse mit heißer Schokolade. Madame

Pompidou hatte es sich nicht nehmen lassen, das Heißgetränk noch mit einem riesigen Klacks Sahne, Schokostreuseln und Krokant zu verzieren.

Louis griff nach der Tasse und für einen winzigen Moment berührten sich dabei unsere Finger. Ich stockte und hielt angespannt den Atem an. Auch Louis rührte sich nicht, sondern hob seinen Kopf und sah mich an.

Mein Herz klopfte wie verrückt.

»Danke für den Kakao«, murmelte er.

»Gerne. Mir ist zu Ohren gekommen, Schokolade soll ein guter Seelentröster sein und Magie bewirken«, sagte ich und schmunzelte.

Ein winziges Lächeln umspielte Louis' Lippen. »Tatsächlich, das hast du gehört? Muss ich mir merken.«

Schwungvoll setzte ich mich neben Louis auf den Rand des Springbrunnens. Ab und an berührten sich unsere Oberschenkel.

Louis nippte an dem Kakao. Mit jedem Schluck hatte ich das Gefühl, dass sich seine Laune etwas hob.

»Besser?«, fragte ich nach einer kleinen Weile.

»Besser.«

Nur das Vogelgezwitscher in den Bäumen und das leise Plätschern des Wassers waren zu hören.

»Verrätst du mir, was du damit gemacht hast?«, unterbrach ich irgendwann unser einvernehmliches Schweigen.

Ich deutete auf die zahlreichen Blütenstängel, die einst hübsche Blumen gewesen waren und sich nun auf dem Rand des Springbrunnes verteilten. Man hätte meinen können, es handelte sich um ein Gänseblümchenmassaker.

»Ich wollte herausfinden, ob … ob alles wieder gut wird«, gestand Louis und ließ den Kopf hängen. Er sah in etwa so trostlos aus wie die massakrierten Gänseblümchen.

»Und zu welchem Ergebnis bist du gekommen?«

»Dass ein Gänseblümchen zu wenig Blüten hat«, kam es trocken über Louis' Lippen und ich musste mir ein Lachen verkneifen.

Stattdessen legte ich meine Hand beschwichtigend auf die seine. »Es wird alles gut werden. Du brauchst kein Gänseblümchen, um das zu wissen.«

Louis guckte mich zweifelnd an und rieb sich über die Schläfe. Er war blass um die Nase und wirkte müde.

»Wie geht es meinem Vater?«, erkundigte er sich.

»Ich weiß es nicht. Aber Cem und der Premierminister sind bei ihm. Er ist in guten Händen.«

Louis verzog das Gesicht. »Da wäre ich mir bei Jacques Dubois nicht so sicher. Seit mein Vater ihn vor wenigen Monaten zum Premierminister ernannt hat, stellt er den gesamten Palast auf den Kopf. Papa strebt schon seit Längerem eine neue Reformpolitik an, doch Jacques Dubois ist anderer Meinung. Das führt immer wieder zu Spannungen.«

»Warum hat er überhaupt den Posten des Premierministers bekommen?«, wollte ich wissen.

»Weil der eigentliche Favorit, den mein Vater ins Auge gefasst hatte, den Ministerposten aus unerklärlichen Gründen abgelehnt hat und ein weiterer Kandidat in einen Familienskandal verwickelt war, der schnell publik geworden ist. Jacques Dubois gilt als äußerst zielstrebig, ehrgeizig und gewissenhaft. Das sind nicht unbedingt schlechte Eigenschaften für einen Premierminister.«

Nachdenklich ließ ich meine Beine baumeln. »Ich finde ihn unsympathisch.«

»Frag mich mal«, schnaubte Louis. »Umso mehr ärgert es mich, dass er recht hat mit dem, was er gesagt hat. Es ist meine

Schuld, dass es Papa schlecht geht. Ich habe ihm schlimme Sachen an den Kopf geworfen.«

Wut blitzte in Louis' Augen auf. Ich hätte nicht gedacht, dass dieser lebensfrohe Junge zu so viel Selbsthass in der Lage war.

»Lou, das ist Unsinn. Es ist nicht deine Schuld.«

»Doch. Hätte ich nicht mit dir diese Spontanaktion unternommen, dann hätte er sich nicht aufregen müssen.«

Er schwieg eine Zeit lang.

»Ich vermisse mein altes Leben. Als Papa kein Präsident war und seine politischen Pläne noch nicht alles über den Haufen geworfen haben. Und als er und meine Mutter noch zusammen waren. Wenn ich mich hätte entscheiden können, wäre ich nach der Trennung bei ihr geblieben. Doch sie hat ihren alten Beruf als Dolmetscherin wieder aufgenommen und ist dadurch kaum zu Hause. Sie hat das Leben im Palast gehasst und sich genauso eingepfercht gefühlt wie ich.«

Es war das erste Mal, dass ich Louis ausführlicher über seine Mutter reden hörte.

Er sah mich an. »Manchmal habe ich den Eindruck, dass ihm das Gemeinwohl wichtiger ist als das Wohl unserer Familie. Und dass ich meinem Vater nur ein Klotz am Bein bin.«

»Das stimmt nicht«, widersprach ich sanft. »Dein Vater liebt dich. Sonst wäre er nicht so wütend auf dich gewesen. Er hat sich einfach Sorgen gemacht.«

Ich zögerte mit meiner Frage.

»Stimmt es wirklich? Dass dein Vater Drohbriefe erhalten hat, in denen es um dich ging?«, hakte ich leise nach.

Louis nickte. »Ja. Damals war der ganze Palast außer sich. Es gab Vermutungen, dass die Briefe sogar aus dem Palast selbst kamen. Dass es ein Leck gab. Der Schreiber der Briefe wusste über politische Pläne Bescheid, die Papa in der Öffentlichkeit noch nicht einmal bekannt gegeben hatte. Und es wurde der Rücktritt meines Vaters gefordert.«

Ich fröstelte.

Als Louis das Leck erwähnte, musste ich wieder an die Berichte in den Klatschmagazinen über unseren Ausflug durch Paris denken. Sie hätten sonst unmöglich an diese vertrauliche Info kommen können. Ob es möglicherweise nach wie vor eine Sicherheitslücke im Palast gab?

Ich beschloss, diesen Gedanken vorerst für mich zu behalten. Louis machte sich auch so schon genug Sorgen um seinen Vater.

»Mila?«

»Ja?«

»Es tut mir leid, dass ich dich heute in Gefahr gebracht habe. Ich hätte mir nie verziehen, wenn dir etwas passiert wäre.«

Er griff nach meiner Hand und für einen Moment lang saßen wir einfach nur so da. Hand in Hand.

Doch die traute Zweisamkeit wurde jäh vom Vibrieren von Louis' Handy unterbrochen.

Er löste seine Hand aus meiner und blickte auf das Display. Pure Erleichterung stand ihm ins Gesicht geschrieben.

»Cem hat geschrieben, dass es Papa besser geht. Es sei vermutlich nur ein Schwächeanfall gewesen und er habe sich in den letzten Tagen mit seiner bevorstehenden Rede etwas übernommen.«

Louis beugte sich zu mir rüber und nahm mich stürmisch in den Arm. Anschließend sprang er vom Brunnenrand und hielt mir seine ausgestreckten Hände entgegen.

»Mila, begleitest du mich zu meinem Vater? Ich würde mich freuen, wenn du dabei wärst.«

Wie hätte ich eine solche Bitte ausschlagen können?

Ich nickte und Louis hob mich von dem Springbrunnen herunter. Und kurz, ganz kurz, fragte ich mich, ob ich nicht doch mal die Gänseblümchen befragen sollte.

Er liebt mich, er liebt mich nicht …

Tja, und wenn nicht, dann würde ich mir halt ein Gänseblümchen mit mehr Blüten suchen, so einfach war das!

KAPITEL 23

Auf der Flucht vor der schielenden Mona Lisa

In der darauffolgenden Woche liefen die Vorbereitungen für die Rede zur Lage der Nation. Mittlerweile hatte sich der Gesundheitszustand des Präsidenten wieder normalisiert, was allerseits für große Erleichterung im Palast sorgte. Insbesondere Louis war ein Stein vom Herzen gefallen und ich konnte die Erleichterung darüber, dass sein Vater wieder bei Kräften war, in seinen Augen lesen, zumal die beiden die Gelegenheit nutzten, um sich auszusprechen und zu versöhnen.

Doch anstatt sich zu schonen, stürzte sich der Präsident regelrecht in die Arbeit und feilte gemeinsam mit seinen Beratern an der Ansprache, die in wenigen Tagen live aus dem Élysée-Palast gesendet werden sollte. »Ein Präsident hat niemals frei«, hatte sein Kommentar gelautet.

Durch die bevorstehende Rede war leider auch Jacques Dubois noch häufiger im Palast zugegen als sowieso schon. Immerhin war er der Premierminister und zählte zu den engsten Vertrauten des Präsidenten. Was ich wiederum kein Stück nachvollziehen konnte, da er meiner Meinung nach in etwa den Charme einer Schmeißfliege besaß. Andererseits waren Politiker ja allgemein nicht unbedingt dafür bekannt, durch Sympathie zu glänzen.

Demnach musste Jacques Dubois wohl mit vermeintlich anderen Talenten überzeugen, die tief verborgen lagen (sehr tief!).

Dass er sich zudem ständig in alles einmischen musste, wie ein Wiesel umherschlich und noch dazu die Mitarbeiter im Palast herumscheuchte, als wären sie seine Bediensteten, ging Louis, Cem und mir allerdings gewaltig gegen den Strich.

Einmal entdeckte ich ihn in der Küche zusammen mit Madame Pompidou. Die beiden unterhielten sich leise. Zuerst war ich etwas überrascht, bis mir wieder einfiel, dass Jacques Dubois auch ganz angetan war von Madame Pompidous magischem Kakao.

Ob die Köchin dem Premierminister nicht einfach mal was in den Kakao kippen konnte, damit der Kerl seinen Dramapegel ein bisschen herunterfuhr?

Also, von dem ganzen Chaos und alltäglichen Wahnsinn im Palast mal abgesehen schien alles in bester Ordnung zu sein.

Und dann war es so weit. Der Tag, an dem der Präsident die Rede zur Lage der Nation halten sollte, stand vor der Tür.

Hätte ich vorher gewusst, was dieser Tag für mich bereithalten sollte, dann hätte ich mein Bett gar nicht erst verlassen.

Wir waren mit unserer französischen Austauschklasse im Louvre, da passierte es wieder.

Ich sah mir gerade zu Tode gelangweilt das Gemälde der Mona Lisa an (Liz fand, dass sie schielte und eine gewisse Ähnlichkeit mit unserer Direktorin Frau Pumpernickel aufwies), als ich einen kleinen Jungen entdeckte.

Ich nahm den Schokoladengeruch wahr, noch bevor ich den Lolli überhaupt sah.

Der Nebel verdichtete sich vor meinen Augen und die Bilder

darin nahmen mich schließlich vollständig für sich ein. Ich erkannte einen ausgerollten, roten Teppich und ein Podest. Der Präsident trat in mein Sichtfeld, mit Schweißperlen auf der Stirn. Und hinter ihm stand ein sichtlich zufriedener Jacques Dubois.

Die Bilder rissen so schnell ab, wie sie gekommen waren. Mir war ganz mulmig zumute angesichts dessen, was mir die Kakaowolke gezeigt hatte.

Hastig eilte ich zu Liz und stieß ihr sanft in die Rippen.

»Liz«, zischte ich möglichst leise, sodass es niemand mitkriegte. Leider schien Ophelia jedoch Ohren wie Dumbo zu haben, denn sie lief mit einem gehässigen »Na, müsst ihr wieder Geheimnisse besprechen?« an uns vorbei.

Nur mit Mühe und Not konnte ich mich zusammenreißen, ihr nicht die Zunge herauszustrecken.

Als sie außer Hörweite war, nahm ich meine beste Freundin zur Seite, darauf bedacht, dass Louis nicht in der Nähe war.

»Ich hab dir doch erzählt, dass der Präsident heute seine Rede zur Lage der Nation hält. Wir müssen da unbedingt hin!«

Liz runzelte die Stirn. »Seit wann interessierst du dich denn für Politik?«

Ich senkte meine Stimme. »Das ist es nicht. Ich … ich hab etwas gesehen. Ich glaube, der Präsident steckt in Schwierigkeiten.«

Liz' Augen wurden tellerrund. »Bist du dir sicher?«

Ich zuckte mit den Schultern. »Keine Ahnung, aber diesmal waren die Bilder ziemlich deutlich. Liz, da läuft etwas gewaltig schief im Palast.«

Meine beste Freundin schaltete sofort, zückte ihr Handy und tippte darauf herum. »Wird das Ganze nicht sogar live aus dem Élysée-Palast übertragen? Die Rede beginnt um elf Uhr, also in etwa vierzig Minuten. Das wird verdammt knapp. Und sowohl

Madame Delacroix als auch Madame Quinette werden uns wohl kaum wegen eines Kakaonotfalls gehen lassen.«

Sie deutete mit ihrem Kopf vielsagend auf die zwei Lehrerinnen, die sich – wie sollte es auch anders sein – über Katzen unterhielten.

»Mist«, murmelte ich und knibbelte an meiner Unterlippe. Ich musste einfach wissen, ob ich mit meinem unguten Bauchgefühl richtig lag!

Allerdings gab es ein weitaus größeres Problem, als uns eine Ausrede für Madame Delacroix zu überlegen, denn wie sollte ich Louis glaubhaft machen, dass wir auf dem schnellsten Weg zurück in den Palast mussten, ohne ihm von meiner Begabung als Duftseherin zu erzählen?

Liz schien an das Gleiche gedacht zu haben. »Und was machen wir mit Louis? Wo steckt der überhaupt?«

Wir hatten ihn schnell erspäht. Er stand neben Ophelia, die ihn schon wieder umgarnte. Konnte die eigentlich kein vernünftiges Gespräch mit Louis führen, ohne ständig ihre Griffel nach ihm auszustrecken?

»Ach, Lou, du bist ja sooo witzig«, hörte ich sie sagen, wobei sie ganz zufällig mit ihrer Hand über seinen Arm strich. Grrrr.

Eigentlich war ihre Masche immer dieselbe: irgendwas Hohles sagen, grinsen, tatsch, tatsch.

Und wieder von vorn.

Ich schluckte die aufkeimende Eifersucht in mir herunter. Die Sicherheit von Louis' Vater war gerade weitaus wichtiger als mein verrückt spielendes Herz.

Ich straffte meine Schultern. »Ich hab keine Ahnung, was ich ihm sagen soll«, antwortete ich auf Liz' Frage.

Was wohl bedeutete, dass ich mir etwas ausdenken musste. Wunderbar.

Egal, es half nichts. Ich würde mir das nicht verzeihen, wenn ich recht behalten sollte und etwas faul war im Palast.

Gemeinsam mit Liz lief ich auf Louis zu und unterbrach sein Gespräch mit Ophelia.

»Sorry für die Störung, aber wir müssen Louis kurz entführen«, sagte ich. Mit Genugtuung fiel mir Ophelias leicht dümmlicher Blick auf, als ich Louis in eine etwas ruhigere Nische zog.

»Ihr macht es aber spannend. Was habe ich denn ausgefressen?« Louis grinste und blickte zwischen Liz und mir hin und her.

Als er jedoch unsere besorgten Gesichter bemerkte, wurde er schlagartig ernst.

»Louis, es klingt vielleicht verrückt, aber ich hab kein gutes Gefühl wegen der Rede deines Vaters. Wir müssen unbedingt zurück in den Palast«, erklärte ich.

Er sah mich mit einer Mischung aus Verwirrung und Sorge an und griff nach meinem Arm, während mich seine blauen Augen durchleuchteten.

Als könnte er bis auf den Grund meiner Seele schauen.

»Mila, wie kommst du darauf?«

Ich wand mich wie ein Wurm unter Louis' Blick. Verdammt, was sollte ich ihm bloß sagen?

Ich schluckte, dann holte ich tief Luft.

»Ich weiß, wie seltsam sich das alles für dich anhören muss, aber ich kann dir nicht mehr sagen. Bitte, vertrau mir einfach.«

Flehend sah ich Louis an. »Ich verlange nicht, dass du das verstehst.«

Liz ließ ihren Blick wie einen Pingpongball zwischen uns hin- und herhuschen. »Leute, auch wenn das hier definitiv einer dieser berühmt-berüchtigten Popcornmomente ist und ich ungern den Beginn eurer Romanze ruinieren möchte, aber –«

Liz schnaufte wie ein Nilpferd, während Louis und ich beide so puterrot anliefen wie ein Truthahn. Manchmal hätte ich Liz für ihr Plappermaul echt verfluchen können!

»Aber wenn wir nicht ein bisschen Gas geben, dann findet die Konferenz ohne uns statt. Und ausgerechnet heute habe ich meinen fliegenden Teppich nicht dabei!«, beendete Liz schließlich ihren dramatischen, aber äußerst wirkungsvollen Vortrag.

Liz hatte recht. Jetzt war keine Zeit für Geplänkel. Und ich konnte nicht darauf warten, dass Louis mir blind sein Vertrauen schenkte.

Doch als ich mich innerlich bereits damit abgefunden hatte, dass Louis mich nun endgültig für verrückt erklärte, griff er nach meiner Hand.

»Ich vertraue dir«, sagte er leise und Wärme strömte durch meinen Bauch.

»Halleluja, ich mach drei Kreuze«, murmelte Liz ironisch, bevor sie Louis in ihrer üblichen charmanten Art anging. Offensichtlich wollte sie keine Sekunde verlieren. Dafür liebte ich Liz. Sie packte die Dinge beim Schopf.

»Los, ruf deinen Bodyguard an. Er soll uns am Louvre abholen kommen.«

»Und was für einen Grund nenne ich ihm bitte schön?«, fragte Louis.

»Was weiß ich. Sag, dass du Windpocken hast«, schlug Liz vor.

»Windpocken?! Wo soll ich denn jetzt rote Pusteln herbekommen?«

»Na, dann halt Masern, ein roter Filzstift reicht da aus. Oder Röteln. Oder nimm was ganz Ausgefallenes. Die Tropenkrankheit zum Beispiel.«

Da ging definitiv Liz' Leidenschaft fürs Theaterspielen mit ihr durch.

Amüsiert beobachtete ich den Schlagabtausch zwischen Louis und Liz, doch die Zeit saß uns im Nacken.

»Wie wäre es stattdessen mit einer … Erkältung?«, machte Louis vorsichtig einen Gegenvorschlag.

»Wie öde«, brummte Liz. »Von mir aus. Und am besten hast du Mila gleich noch mit angesteckt.«

»O Gott, das nimmt Cem mir doch nie ab«, stöhnte Louis, tippte jedoch bereits auf seinem Display herum.

Kaum hatte Cem auf der anderen Seite das Gespräch angenommen, räusperte sich Louis lautstark und sprach mit krächzender Stimme.

»Cem, du musst uns abholen. Ich … ich fühl mich nicht so besonders. Kopf, Hals- und Gliederschmerzen. Fieber hab ich bestimmt auch. Oh, und Schwindel. Ganz üblen Schwindel. Äh, und Mila geht's auch nicht gut.«

Liz hob die Augenbrauen so weit nach oben, sodass sie förmlich unter ihrem Haaransatz verschwanden.

Louis stellte das Telefonat auf laut, damit Liz und ich mithören konnten.

»Lou, wie stellst du dir das vor? Gleich beginnt die Rede deines Vaters, ich kann hier jetzt nicht weg!« Cem fluchte, während im Hintergrund Stimmen ertönten. Der Präsident und der Premierminister!

Mir stockte der Atem. Cem musste uns unbedingt abholen kommen!

»Bitte, Cem, mir geht's echt nicht gut«, legte Louis noch einen drauf und hustete melodramatisch in den Hörer. »Oder ist es dir lieber, wenn ich die Métro nehme?«

»Wag es ja nicht!«, drohte Cem. »Rührt euch nicht vom Fleck. Ich bin so schnell wie möglich da.«

Als Louis aufgelegt hatte, sah er uns Beifall heischend an. Wie ein kleiner Hundewelpe, der ein Leckerli bekommen wollte. Ein äußerst niedlicher Welpe, zugegeben.

»Und, wie war ich?«

»Fabelhaft«, lobte ich strahlend.

»Grauenhaft«, sagte Liz in ihrer altbewährten Direktheit. »Ich habe noch nie so einen schlechten Schauspieler gesehen. Bei all den Sachen, die du Cem aufgezählt hast, ist es ein Wunder, dass du überhaupt noch am Leben bist und aufrecht stehen kannst.«

Louis verschränkte die Arme vor der Brust und hob nun ebenfalls eine Augenbraue.

»Ach, du meinst, du hättest es also besser hinbekommen?«

»Sicher«, antwortete Liz im Brustton der Überzeugung, ohne mit der Wimper zu zucken. »Immerhin bin ich seit Jahren in der Theater-AG.«

»Wieso wundert mich das jetzt nicht?«, murmelte Louis.

»Kinder!«, ging ich energisch dazwischen und musste entsetzt feststellen, dass ich schon so gluckenmäßig wie Madame Delacroix klang. Aber immerhin bewirkte es, dass ich endlich die Aufmerksamkeit der beiden Streithähne auf mich zog und die zwei sich wieder auf unsere eigentliche Mission konzentrierten.

Zu dritt marschierten wir schnurstracks auf unsere Klassenlehrerinnen zu.

Louis und ich setzten ein möglichst leidendes Gesicht auf, während Liz danebenstand und die aufopferungsvolle Freundin mimte, die uns in unserem Zustand auf keinen Fall allein in den Palast zurückkehren lassen konnte.

Madame Delacroix nickte permanent wie ein Wackeldackel und hatte so viel Mitleid mit uns, dass ich fast schon ein schlechtes Gewissen bekam, sie so krass anzulügen.

»Ach, ihr armen Kinder!«, sagte sie immer wieder.

Ehrlich, ich glaube, ich hatte noch nie einen Menschen getroffen, der so naiv und zugleich unfassbar liebenswert wie Madame Delacroix war.

Zumal sie Liz auch noch anschaute wie Mutter Teresa höchstpersönlich.

»Dass du dich für deine Freunde sogar opferst und auf einen Tag im Louvre verzichtest, wo doch so viele bezaubernde Kunstwerke hier stehen.« Sie fasste sich an die Brust und deutete auf die Mona Lisa. Auch beim zweiten Hinsehen hatte die Dame immer noch einen leichten Silberblick.

»Ja, ein wirklich großes Opfer«, säuselte Liz, während sie insgeheim sicherlich froh war, keine verstaubten Gemälde mehr betrachten zu müssen.

Madame Delacroix seufzte verzückt. »Liz, du bist wirklich eine tolle Freundin.«

Amen. Wenigstens in der Hinsicht konnte ich ihr guten Gewissens beipflichten.

Liz beugte sich vertrauensvoll zu unserer Klassenlehrerin hinüber. »Würden Sie Ophelias Mutter bitte ausrichten, wo ich bin? Ich möchte nicht, dass sich meine Gastfamilie unnötig Sorgen macht.«

Nachdem uns Madame Delacroix und Madame Quinette quasi unseren Segen gegeben hatten, traten wir die Flucht nach vorne an.

Als ich mich noch einmal umblickte, sah Ophelia uns so finster hinterher, als wünschte sie uns die Pest an den Hals. In einem Anflug von Übermut winkte ich ihr mit einem zuckersüßen Lächeln zu. Wirklich *magnifique*!

Das geschah der doofen Nuss ganz recht, dass sie jetzt blöd aus der Wäsche guckte, während wir siegreich die Rolltreppe nach oben Richtung Ausgang fuhren.

»Ich bin mir sicher, Ophelia verbannt uns gedanklich gerade in die Hölle«, raunte ich Liz zu.

»Glaub mir, das bin ich in der Familie schon«, gab sie trocken zurück. »Und jetzt nichts wie raus hier und ab zum Präsidenten!«

Kapitel 24

Lächle, du kannst sie nicht alle töten!

Als Cem uns am Louvre einsammelte, war das Erste, das er sagte: »Ich glaube, ich hab ein verdammtes Déjà-vu.«

Man musste kein Blitzmerker sein, um zu wissen, dass er damit auf Louis' und meinen Sightseeingtrip durch Paris anspielte.

Skeptisch sah er zwischen uns hin und her. Wie auf Knopfdruck röchelten wir beide ein bisschen, und um noch überzeugender zu wirken, putzte ich mir geräuschvoll die Nase. Mein Guru Liz konnte stolz auf mich sein.

»Erkältung also, soso«, machte Cem. »Und dann auch noch beide gleichzeitig. Läuft da was?«

Cem ließ seinen Mittel- und Zeigefinger prüfend zwischen uns hin- und hergleiten, als wollte er damit andeuten, dass wir von nun an unter seiner strengen Beobachtung standen.

Die Frage kam so abrupt und unerwartet, dass ich mich vor Schreck fast an meiner eigenen Spucke verschluckte.

»Nein!«, stießen wir zeitgleich und ein bisschen zu schnell hervor.

Glücklicherweise verlor Cem vorerst das Interesse an uns, da er Liz hinter uns erspähte.

»Und was machst *du* hier?«, verlangte er entgeistert zu wissen. »Sag mir jetzt nicht, du hast dich auch noch angesteckt!«

»Nein, ich bin ihre moralische Unterstützung!«, verkündete Liz so freudestrahlend, als hätte sie Cem soeben verraten, dass er einen Sechser im Lotto hatte.

Der Bodyguard schloss die Augen und rieb sich über die Schläfe.

»Ach, was frag ich überhaupt. Ihr macht ja doch, was ihr wollt«, sagte Cem schließlich und winkte genervt ab.

Er schlug die Augen wieder auf und lief zielstrebig zur Fahrerseite des Wagens.

»So, alles einsteigen. Wir sind spät dran. Ich möchte gern zurück im Palast sein, bevor die Rede beginnt!«

Leider hatten wir die Rechnung ohne den heimtückischen Verkehr gemacht, denn die Straßen von Paris waren wie immer dermaßen verstopft, dass unser Wagen nur im Schneckentempo vorankam, während die Zeiger meiner Uhr im Gegensatz dazu erbarmungslos nach vorne rückten.

Louis schien zu bemerken, wie nervös ich war, denn er tastete sanft nach meiner Hand. Stillschweigend lächelten wir uns an.

»Also irgendwas … irgendwas drückt hier«, sagte Liz und hüpfte auf ihrem klimatisierten Sitz auf und ab. Mittlerweile hatte sie sämtliche Massagefunktionen durchprobiert.

»Du bist echt die Erste, die sich beschwert, dass die Sitze nicht bequem sind«, meinte Louis.

»Nein, ehrlich, da drückt etwas«, beharrte Liz und griff unter sich.

Und plötzlich hielt Liz den BH in der Hand, der eigentlich für Shawn Mendes gedacht war. Den hatte ich schon wieder völlig vergessen.

»Was ist das denn?«, fragte Liz pikiert und starrte auf den Hauch von Nichts.

»Ein BH?«, half Louis ihr auf die Sprünge.

»Ich weiß, was das ist … Aber was zum Teufel macht der hier?«

Um Liz nicht in noch größere Verwirrung zu stürzen, klärte ich sie über die lustige Shawn-Mendes-Verwechslungsgeschichte auf.

Und was tat Liz? Hielt sich den BH probeweise vor ihre Oberweite und stopfte ihn mit einem fachmännischen »Passt mir nicht« in die Polsterritze zurück.

Ich hoffte inständig, dass der französische Präsident nie auf Schatzsuche gehen und ihn dort finden würde …

Als wir nach einer halben Ewigkeit den Élysée-Palast erreichten, hatte die Ausstrahlung der Ansprache des Präsidenten bereits begonnen. Offensichtlich waren die Begrüßung und das anfängliche Geplänkel inzwischen beendet. Kaum waren die Räder auf dem Innenhof zum Stillstand gekommen, sprinteten wir die Treppenstufen zum Palast nach oben. Ein sichtlich gestresster Cem stürzte uns hinterher.

»Könnt ihr mir mal verraten, was hier los ist? Und wieso genau seht ihr schon wieder putzmunter aus? Wo sind denn auf einmal die Halsschmerzen, Fieber und der ganze andere Kokolores hin?« Anschließend brabbelte er etwas in seinen nicht vorhandenen Bart, was verdächtig klang wie: »Wann ist eigentlich der Zeitpunkt gekommen, an dem ich Nanny statt Bodyguard wurde? Ich bin definitiv unterbezahlt für diesen Job!«

Nachdem uns die Sicherheitskräfte durch die Schleuse gelassen hatten und wir in die große Eingangshalle des Palastes gelaufen waren, breitete sich ein ernüchterndes Gefühl in mir aus.

»Wir sind zu spät«, sagte ich tonlos.

Es kam mir fast vor, als würde ich die Bilder in- und auswendig kennen, die sich nun vor meinem Auge abspielten.

Nur das Ende war ungewiss.

Der Präsident wischte sich mit einem Tuch immer wieder über die Stirn, Schweißperlen standen darauf. Er wirkte fahrig und sein Blick ging ins Leere.

»O Gott, er sieht schrecklich aus«, nuschelte Liz bestürzt.

So schlimm es auch war: Ich konnte Liz nur zustimmen.

Pierre Dupont murmelte zusammenhanglos vor sich hin. Es fiel ihm sichtlich schwer, einen vernünftigen Satz herauszubringen. Er schloss sogar kurz die Augen, als müsste er sich sehr stark konzentrieren, und krallte sich an seinem Rednerpult fest wie an einem rettenden Anker.

Diese Rede lief auf ein Fiasko hinaus. Und sie musste unbedingt gestoppt werden, bevor noch mehr Schaden angerichtet werden konnte!

Als Pierre Dupont uns unter den Anwesenden ausmachte, wurde sein Blick traurig und voller Bedauern.

»Es tut mir so leid«, sagte er vor laufender Kamera und vor den Augen der gesamten Nation. »Ich wollte das nicht. Ich habe alle enttäuscht. Und jetzt kann ich nicht mal mehr sehen, wie die Zukunft von Frankreich aussehen soll.«

Wovon sprach er bitte?

Die Pressesprecherin des Palastes gestikulierte wild mit den Armen und signalisierte dem Kamerateam, dass es die Liveübertragung abbrechen sollte, doch in dem Moment drängte sich bereits Jacques Dubois in den Vordergrund und ergriff das Wort. Während Millionen von Menschen dabei zusahen.

Wie eine lästige Fliege schob er den Präsidenten beiseite und lächelte voller Genugtuung in die Kamera.

Dann kippte der Präsident wie eine Marionette um, und Schreie hallten durch den Palast.

Es herrschte ein riesiges Chaos. Der Präsident wurde verarztet und in seine Gemächer gebracht, nicht einmal Louis durfte zu ihm. Er war außer sich vor Sorge und es tat mir in der Seele weh, ihm nicht helfen zu können. Daher betete ich inständig, dass sein Vater so schnell wie möglich wieder auf die Beine kam und die Ärzte ihn in Ordnung brachten.

Derweil zerriss sich die Presse bereits das Maul über den verwirrten Auftritt und den Gesundheitszustand des Präsidenten.

Politische Gegner von Pierre Dupont nahmen seinen wirren Auftritt sogleich als Anlass, ihm zu unterstellen, dass er gesundheitlich nicht in der Lage wäre, sein Amt auszuüben. Manche spekulierten sogar öffentlich darüber, dass der Präsident an Demenz erkrankt sein könnte, und forderten einen gesundheitlichen Check-up. Auf Facebook, Twitter und Instagram entbrannten lebhafte Diskussionen mit spöttischen Kommentaren von »Der Präsident ist verloren« über »War der Präsident bei seiner Rede geistig überhaupt anwesend?« bis hin zu »Was war denn mit dem los?«.

Ich wusste nicht, was schlimmer war: die vernichtenden Kommentare über den Präsidenten oder Jacques Dubois, der großkotzig vor sämtlichen Journalisten verkündete, dass er den Präsidenten in dieser überaus schweren Zeit gebührend vertreten und alles in seiner Macht Stehende tun werde, um das ganze Dilemma aufzuklären. Seinem Auftreten nach zu urteilen, konnte man fast meinen, dass ihm der schlechte Gesundheitszustand des Präsidenten in die Hände spielte.

Doch damit nicht genug: Jacques Dubois hatte gleich nach der abgebrochenen Rede zur Lage der Nation ein Sonderkommando aus Sicherheitskräften des Élysée-Palastes zusammengerufen und ließ die Räume im Palast durchsuchen, da laut seiner Aussage nicht ausgeschlossen werden könne, »dass jemand aus den eigenen Reihen dem Präsidenten etwas Böses wollte«.

»Dazu ist der doch überhaupt nicht befugt, die Privatsphäre fremder Menschen zu durchschnüffeln!«, regte Liz sich lauthals auf.

Cem, Liz, Louis und ich saßen auf den Treppenstufen zu den Privatgemächern, während zig Sicherheitskräfte und Wachmänner geschäftig um uns herumwuselten.

Cem zuckte mit den Schultern. »Wenn er es wirklich damit begründet, dass die nationale Sicherheit auf dem Spiel steht, dann darf er eigentlich so ziemlich alles.«

»Was, wenn mein Vater ... Wenn mein Vater nicht wieder gesund wird?«, fragte Louis verzweifelt.

»Hey ...«, sagte ich und legte meine Hand auf die von Louis. »Dein Vater ist ein Kämpfer, sonst wäre er niemals Präsident geworden.«

Bedrückte Stille breitete sich zwischen uns Freunden aus und die Zeit verstrich nur quälend langsam. Irgendwann schien Jacques Dubois etwas gefunden zu haben.

Anklagend stand er vor uns und nahm mich wie ein lästiges Insekt ins Visier, während er etwas in die Höhe hielt, das einem Medikamentendöschen verdammt ähnlich sah.

»Mademoiselle Kornblum, ich hoffe, dass du imstande bist, mir zu erklären, was du hiermit zu tun hast?«

Zuerst glaubte ich, mich verhört zu haben.

»B-bitte was?«, stotterte ich und fühlte, wie mir sämtliches Blut aus dem Gesicht wich.

Der Premierminister machte einen Schritt auf mich zu und kam mir dabei gefährlich nahe, während zwei muskelbepackte Wachmänner wie Lakaien hinter ihm standen und keine Miene verzogen.

Jacques Dubois verengte seine Augen zu zwei schmalen Strichen.

»Diese Ampulle haben wir soeben in deinem Zimmer gefunden. Es ist ein Mittel, das starke Halluzinationen und geistige Verwirrung hervorruft. Du hast also besser einen triftigen Grund, warum sich ein solches Medikament in deinem Besitz befindet. Und warum der Präsident noch dazu derzeit über geistige Verwirrung zu klagen hat?«

»Ich weiß überhaupt nicht, wovon Sie reden«, hauchte ich fassungslos. »Ich sehe diese Ampulle zum ersten Mal!«

»Sagen Sie mal, haben Sie jetzt völlig den Verstand verloren? Mila würde nicht einmal einer Fliege etwas zuleide tun!«, platzte es wütend aus Liz hervor.

»Halt dich da raus!«, zischte der Premierminister wie eine Schlange, bevor er wieder mich fixierte. »Das wird definitiv noch ein Nachspiel haben, Fräulein. Ich werde höchstpersönlich dafür sorgen, dass man dich des Palastes verweist. Ich habe von Anfang an gegen diesen Schüleraustausch plädiert! Das hier ist der Staatssitz von Frankreich und kein verdammter Kindergarten!«

Dabei fuchtelte der Premierminister mit seinen Armen so wild vor meiner Nase herum, als würde er ein lästiges Insekt verscheuchen wollen.

Meine Augen füllten sich mit Tränen. Was passierte hier bloß?

»Sie blöder ...«, setzte Louis wütend an.

Cem unterbrach ihn, trat vor den Premierminister und versuchte, ihn zu besänftigen.

»Monsieur Dubois, ich bitte Sie inständig, sich zu beruhigen. Es war ein nervenaufreibender Tag für alle.«

»Für Sie immer noch *Monsieur le Premier ministre*!« Jacques Dubois plusterte sich auf wie ein Gockel.

»Warum nicht gleich *Eure Durchlaucht*?«, nuschelte Liz, doch nicht leise genug, denn gleich darauf wirbelte der Premierminister wie Rumpelstilzchen herum.

»Wie war das bitte?«

Liz tat so, als wäre sie sich keiner Schuld bewusst, und zuckte ahnungslos mit den Schultern.

»*Monsieur le Premier ministre!*« Diesmal betonte Cem die Anrede absichtlich. »Sie denken doch wohl nicht ernsthaft, dass ein vierzehnjähriges Mädchen versucht hätte, dem Präsidenten zu schaden? Das ist absoluter Schwachsinn!«

»Ich glaube nicht, dass Sie in der Position sind, mich zu belehren«, antwortete Jacques Dubois arrogant. »Wie war überhaupt noch gleich Ihr Name? Sie sind lediglich Chauffeur oder haben Sie das bereits vergessen? An Ihrer Stelle würde ich den Mund nicht allzu weit aufreißen, vor allem nachdem Sie den Sohn des Präsidenten bereits allein durch Paris haben spazieren lassen. Von nun an herrscht hier wieder ein anderer Ton.«

»Ach, und Sie glauben echt, dass Sie das zu entscheiden haben? Sie sind nicht der Präsident von Frankreich, falls Sie das bereits vergessen haben sollten!«, rief Louis aufgebracht und baute sich vor Jacques Dubois auf.

Für einen Augenblick sah es so aus, als würde dieser die Fassung verlieren. Missmutig knirschte er mit den Zähnen. Gleich darauf legte sich jedoch wieder das übliche herablassende Grinsen auf sein Gesicht. »Wirklich bedauernswert, dass dein Vater dich nicht ins Internat gesteckt hat. Du bist lästiger als ein Sack Flöhe. Leider weiß der Präsident manchmal nicht, was gut ist ...«

Louis sah aus, als würde er sich jeden Moment auf den Premierminister stürzen wollen.

Bevor einer von uns vieren jedoch die Gelegenheit nutzen konnte, Jacques Dubois weiterhin zur Rede zu stellen, war sein letzter Kommentar an uns: »Wenn ihr mich jetzt vielmals entschuldigt … die Politik ruft! Außerdem muss ich die Presse über den derzeitigen Sachstand unterrichten, zumal ich den Präsidenten gebührend vor der Nation zu vertreten habe.«

Ein letztes überhebliches Grinsen, ein hämischer Blick, dann ging er.

Ich fühlte mich wie betäubt. War das gerade wirklich passiert?

»Dieser … dieser aufgeblasene Sack!«, regte Liz sich auf und sprach damit vermutlich das aus, was uns allen durch den Kopf ging. Allmählich machte sich die Anspannung bei mir bemerkbar, meine Beine begannen unkontrolliert zu zittern.

Dann brach ich in Tränen aus.

»Ich hab damit nichts zu tun«, schluchzte ich.

Sogleich war Liz an meiner Seite und nahm mich ganz fest in den Arm.

»Mila, das denkt auch niemand«, sagte Louis sanft.

Cem nickte zustimmend, und nach einer Weile, in der ich mich etwas beruhigt hatte, schob Liz mich behutsam von sich.

»Hier stinkt etwas ganz gewaltig. Und damit meine ich nicht das fragwürdige Parfüm des Premierministers.« Liz hielt sich demonstrativ die Nase zu.

»Liz hat recht, hier stimmt etwas nicht«, pflichtete Louis ihr bei. »Als hätte der Premierminister all das geplant.«

»Wir sollten keine voreiligen Schlüsse ziehen. Es geht immerhin um einen hochrangigen Politiker«, gab Cem zu bedenken. »Aber ich muss zugeben, auch mir kommt das Ganze ein wenig seltsam vor.«

»Jacques Dubois wollte schon immer an die Spitze der Regierung und sich in den Vordergrund drängen. Und jetzt, wo mein Vater vorerst nicht in der Lage ist, sein Präsidentschaftsamt ...« Louis schluckte schwer, sammelte sich jedoch wieder. »... auszuüben, hat der Premierminister freie Bahn.«

»Der Kerl hat Mila das ominöse Medikamentenfläschchen doch sicher untergemogelt, um die Aufmerksamkeit von sich abzulenken!«, ereiferte Liz sich, während ich noch immer so schockiert von den jüngsten Ereignissen war, dass ich keinen klaren Gedanken fassen konnte. Wie hypnotisiert starrte ich vor mich hin. Wie war ich in einer derart abstrusen Situation gelandet?

Mir fielen die Bilder ein, die ich in der Chocolaterie von Monsieur Cadault gesehen hatte. Der Mann im Anzug, der einen Gegenstand fest an sich presste. Ob das tatsächlich der Premierminister gewesen war, möglicherweise mit der Ampulle? Vielleicht hatte die Kakaowolke mich warnen wollen!

Ich fühlte mich beschissen. Und wenn ich ehrlich war, dann vermisste ich Ma gerade schrecklich doll. Egal wie schlecht es mir ging, sie hatte immer tröstende Worte parat. Ich hatte mich in den letzten Tagen viel zu wenig bei ihr gemeldet.

»Wahrscheinlich hat er das Medikament klammheimlich in Milas Koffer geschmuggelt und – o Gott, das Grimoire!« Liz sog scharf die Luft ein und schlug sich die Hände vor den Mund.

Ich erwachte aus meiner Trance. Ach du Schreck! Was, wenn der Premierminister das Grimoire entdeckt hatte?! Alarmiert sahen meine beste Freundin und ich uns an.

Wortlos rannte ich die Treppen nach oben, während mir die anderen auf dem Absatz folgten.

»Könnt ihr uns mal aufklären?«, fragte Louis atemlos, kaum dass wir mein Zimmer erreicht hatten.

Doch ich beachtete ihn nicht. Stattdessen stürzte ich auf meinen Koffer zu. Erst als ich sah, dass das Hängeschloss, das Liz und ich vorsorglich gekauft hatten, noch immer daran befestigt war, wurde mir klar, dass der Premierminister meinen Koffer gar nicht hatte öffnen können. Er hatte uns allesamt reingelegt.

»Gott sei Dank«, stieß Liz erleichtert aus und ließ sich wie ein Kartoffelsack auf mein Bett plumpsen.

»Mila, was ist los?«, beharrte Louis und sah mittlerweile immer verwirrter aus. »Von was für einem Grimoire redet ihr? Und wieso hattest du vorher schon eine leise Vorahnung, dass im Palast etwas nicht mit rechten Dingen zugeht?«

»Nicht zu vergessen eure Krankheitsflunkerei. Ihr habt mich ganz schön hinters Licht geführt, auch wenn ich noch nicht verstehe, warum«, fügte Cem hinzu.

Ich schluckte und fühlte mich mit einem Mal in die Enge getrieben. Louis und Cem guckten mich fragend an.

Verunsichert nagte ich an meiner Unterlippe. Nacheinander blickte ich in die kleine Runde. Zu Liz, die mich aufmunternd anschaute, als wollte sie mich ermutigen, mit der Wahrheit herauszurücken. Weiter zu Cem, der mir mit seiner lockeren Art und seinen Sprüchen ans Herz gewachsen war. Und dann sah ich zu Louis. Lou mit den blonden Haaren, den blauen Augen und dem unwiderstehlichen Lächeln. Ich hätte nie gedacht, dass ich hier in Frankreich so gute Freunde finden und dass es mir immer schwerer fallen würde, mein Spinnennetz – oder besser gesagt: Kakaonetz – aus Lügen aufrechtzuerhalten.

»Mila«, sagte Lou sanft, seine blauen Augen ruhten auf mir. Verdammt, wieso musste er es mir bloß so schwer machen? Erneut traten mir Tränen in die Augen, doch ich blinzelte sie hastig fort.

Lou kam einen Schritt auf mich zu. »Du weißt, dass ich dir vertraue. Aber jetzt ist es an der Zeit, dass du uns vertraust. Dass du ... mir vertraust.«

Seine letzten Worte waren fast nur noch ein Flüstern. Was sollte ich bloß tun?

Ich war hin- und hergerissen und meine Gedanken glitten zu Oma. Wäre sie wohl enttäuscht von mir, wenn ich unser gut gehütetes Geheimnis mit meinen Freunden teilte? Ich beschloss, dieses Risiko einzugehen. *Tut mir leid, Oma,* schoss es mir durch den Kopf.

Ich atmete tief ein und aus, mein Herz klopfte aufgeregt.

»Also gut«, sagte ich. »Es ... es gibt da etwas, das ich euch erzählen muss. Bisher wissen nur Liz und meine Mutter davon. Aber vielleicht haben wir gemeinsam eine Chance, herauszufinden, was Jacques Dubois im Schilde führt.«

Sowohl Louis als auch Cem sahen mich überrascht an.

Ich seufzte, öffnete das Schloss an meinem Koffer und kramte das Grimoire daraus hervor, das nach wie vor versteckt zwischen Socken und Slips lag. Zwischen meiner Snoopy-Unterwäsche.

Andächtig strich ich über den wunderschönen, geprägten Einband des alten Buches und hielt es wie einen kostbaren Schatz vor meine Brust.

»Am besten setzt ihr euch, die Geschichte könnte etwas länger dauern ...«

KAPITEL 25

Freundschaft ist, wenn Bekloppte mit Bekloppten noch ein bisschen bekloppter sind

Nachdem Cem, Louis, Liz und ich uns alle auf mein Bett gesetzt hatten, begann ich stockend zu erzählen.

Angefangen bei meiner Oma, von dem Tag, an dem sie starb, und von dem rätselhaften Ring. Dass ich seit meinem vierzehnten Lebensjahr nicht mehr den Geruch von Kakao in der Nase haben konnte, ohne flackernde Bilder vor mir zu sehen. Von dem Grimoire, das ich durch Zufall in unserem Keller gefunden hatte und das geheime Botschaften meiner Großmutter enthielt.

Liz kam mir zu Hilfe und berichtete von unserer Begegnung mit dem Chocolatier Monsieur Cadault, dass dieses Aufeinandertreffen jedoch in einer Sackgasse geendet war und nicht den gewünschten Erfolg gebracht hatte.

Ebenso vertraute ich Louis und Cem an, dass ich schon seit einer Weile in der Nähe des Premierministers seltsame Zukunftsschnipsel wahrnahm, insbesondere wenn dieser dunkle, schimmelige Geruch auftrat.

Ich redete und redete und musste dabei selbst wieder feststellen, wie abgedroschen all das klang. In meinem ausschweifenden Bericht ließ ich möglichst nichts aus und versuchte, mich an jedes noch so winzige Detail zu erinnern, das von Bedeutung sein konnte. (Die Kussbilder von Louis und mir sparte ich jedoch großzügig und guten Gewissens aus!)

Irgendwann stieß ich geräuschvoll die Luft aus und fühlte mich wie ein Luftballon, der immer kleiner wurde. Ausgelaugt wie eine schrumpelige Rosine.

»So, jetzt wisst ihr alles ...«, schloss ich leise meine Erzählung und starrte verunsichert auf meine Bettdecke. Auf der einen Seite hatte ich das Gefühl, mich vor Cem und Louis komplett nackig gemacht zu haben, denn immerhin hatte ich ihnen soeben mein Leben anvertraut. Doch auf der anderen Seite war es wirklich befreiend, endlich ehrlich zu sein und nicht mehr mit den eigenen Ausreden und Lügen jonglieren zu müssen wie mit Pingpongbällen. (Und da ich noch nie sonderlich sportlich gewesen war, wäre das nicht lange gut gegangen.)

Niemand gab zunächst auch nur einen Mucks von sich. Angst breitete sich in mir aus.

Würden Louis und Cem jetzt nichts mehr mit mir zu tun haben wollen, weil sie mich für völlig bekloppt hielten? Allein der Gedanke verursachte mir Bauchschmerzen. Seltsamerweise machte mich die Vorstellung, die beiden nicht mehr in meinem Leben zu haben, verdammt traurig, denn ich hatte sie wirklich gern. Wie das nach Ende des Schüleraustauschs sein würde, wollte ich mir gar nicht erst ausmalen ...

Louis war der Erste, der seine Sprache wiederfand.

»Krass. Das ist wirklich ... krass.«

»Krass gut oder krass ... verrückt?«, hakte ich mit klopfendem Herzen nach.

»Beides, aber auf eine positive Art. Jetzt verstehe ich auch endlich, warum du den göttlichen Kakao von Madame Pompidou verschmäht hast. Plötzlich ergibt alles Sinn.« Er lachte und seine unkomplizierte Reaktion ließ mich erleichtert aufatmen.

»Also … also glaubt ihr mir?«, piepste ich. »Ihr haltet mich nicht für bescheuert?«

»Unsinn!« Cem schüttelte energisch den Kopf. »Um ehrlich zu sein, habe ich schon immer an Magie geglaubt. Ich bin der Überzeugung, da draußen gibt es mehr, als man sich ausmalen kann. Und hey, ich stell mir das verdammt cool vor, eine Duftseherin zu sein!«

»Hab ich ja schon immer gesagt, aber mir will sie ja nicht glauben!«, plärrte Liz, woraufhin wir alle lachen mussten.

Ich griff in die Vordertasche meines Rucksacks, holte mein Portemonnaie hervor und zog ein altes Foto aus dessen Innentasche. Es zeigte meine Oma und mich beim Backen in der Küche. Mit einem schokoladenverschmierten Mund grinste ich in die Kamera.

Als ich es betrachtete, wurde mir abermals bewusst, wie viele Hinweise Oma mir immer wieder gegeben hatte. Aber ich war blind gewesen und hatte sie nicht erkannt.

»Das ist meine Großmutter«, sagte ich und hielt Louis und Cem das Foto unter die Nase. »Sie fehlt mir sehr.«

»Sie sieht nach einer Oma aus, mit der man Pferde stehlen kann«, meinte Cem und lächelte.

Louis stutzte und besah sich das Foto näher.

»DAS ist deine Oma?« Sein merkwürdiger Unterton verwirrte mich.

»Ähm, ja …«

»Ich kenne diese Frau«, sagte Louis unvermittelt. »Sie war bei meinem Opa, gemeinsam mit meinem Vater, kurz bevor er Präsident wurde.«

»Was sagst du da? Bist du dir ganz sicher?«, platzte es aus mir heraus und mein Herzschlag beschleunigte sich. In meinem Kopf begann es zu rattern. Omas Tagebucheintrag aus Paris von

1969 kam mir in den Sinn. Sie hatte eine Verbindung zu dieser Stadt, das stand fest. Und das nicht nur wegen ihrer französischen Wurzeln.

»Zu einhundert Prozent«, bestätigte Louis und begann sein Handy durchzuscrollen, bis er offensichtlich fand, wonach er gesucht hatte. Er drehte das Display so, dass Liz, Cem und ich einen Blick darauf werfen konnten.

Ich traute meinen Augen kaum. Das Foto zeigte wirklich und wahrhaftig meine Oma.

»Sie ist es, Irrtum ausgeschlossen«, hauchte Liz fassungslos. Auch hinter ihrer Stirn schienen sich allmählich die Zahnrädchen in Gang zu setzen.

»Wie ... was ... wann?«, stammelte ich zusammenhanglos, schnappte mir Louis' Handy und zoomte näher heran.

»Ich weiß nicht, aus welchem Grund sie bei meinem Opa war«, sagte Louis. »Und das Treffen muss auch schon etwas mehr als drei Jahre her sein.«

Ich konnte nicht glauben, was Louis da von sich gab.

»Das würde bedeuten, dass sie ein Jahr vor ihrem Tod noch mal nach Paris gefahren ist«, wunderte ich mich und Stille breitete sich im Zimmer aus.

Liz runzelte die Stirn, als würde sie angestrengt über etwas nachdenken. »Louis, wie heißt dein Großvater?«

»Gaston Dupont.«

Liz und ich sahen einander an. Wortlos blätterte ich das Grimoire auf der ersten Seite auf und hielt es Cem und Louis entgegen.

»*Bei der Kakaobohne zauberhaftem Duft liegt ein Hauch von Zukunft in der Luft. Gaston Dupont, Duftseher und Mitglied des Chocolatiers-Zirkels.*«

Louis schaltete sofort, seine Augen weiteten sich überrascht.

»Das würde ja bedeuten, dass mein Opa genau wie deine Oma und du …«

»… ein Duftseher ist«, vollendete Liz seinen Satz und hielt uns einen herangezoomten Ausschnitt von dem Foto auf Louis' Handy entgegen. »Und ich glaube, dass er in der Familie Dupont nicht der Einzige ist. Fällt euch denn gar nichts auf?«

Bei genauerem Hinsehen gab es tatsächlich etwas, das die drei Personen auf dem Foto miteinander verband. Ich sog scharf die Luft ein.

»Alle tragen den gleichen Ring am Finger. Und er sieht genauso aus wie der, den Mila um ihren Hals hat«, schlussfolgerte Cem. »Mit einer Kakaobohne.«

Die Verblüffung stand uns deutlich ins Gesicht geschrieben. Entgeistert sahen wir vier uns an. Ich glaube, solch eine Entwicklung hatte niemand von uns erwartet.

»Mein Vater ist auch ein Duftseher«, meinte Louis tonlos. »Warum hat er nie etwas gesagt? Ich versteh das alles nicht.«

»Ist dir der Ring denn nie bei deinem Vater oder deinem Opa aufgefallen?«, fragte Cem nach.

Louis schüttelte den Kopf. »Nein. Ich kann mich nicht daran erinnern, dass sie ihn getragen haben. Zumindest nicht so offensichtlich. Und selbst wenn, dann hätte ich den Ring nur für ein Erbstück gehalten.«

»Bei meiner Großmutter ist mir der Ring auch nie aufgefallen«, pflichtete ich ihm bei.

»Wir müssen unbedingt zu deinem Großvater, Louis«, entschied Liz aufgeregt. »Er ist vermutlich der Einzige, der uns derzeit weiterhelfen kann. Dein Vater wird nach wie vor von Sicherheitskräften und Ärzten bewacht und die Zeit sitzt uns im Nacken. Wer weiß, was Jacques Dubois geplant hat!«

Allein bei der Vorstellung, dass der finstere Premierminister etwas im Schilde führen könnte, drehte sich mir der Magen um. Wir mussten etwas unternehmen, bevor es zu spät war und Jacques Dubois mit seinen wirren Plänen den ganzen Palast an sich gerissen hatte!

Ich sprang vom Bett auf, Kampfgeist kehrte in mich zurück. Gemeinsam waren wir stark und gemeinsam konnten wir etwas bewirken.

»Ich fahre euch«, sagte Cem und stand nun ebenfalls auf. »Im Moment können wir ohnehin nichts weiter tun, als den Gesundheitszustand des Präsidenten abzuwarten.«

Ich legte meine Hand in die Mitte und sah die anderen erwartungsvoll an. »Einer für alle ...«

Nach und nach legten Cem, Liz und Louis ihre Hände auf die meine.

»Und alle für einen!«

KAPITEL 26

Ein Duftseher kommt selten allein

Der Wagen hielt nach einer Weile vor einem unscheinbaren, maroden Gebäude am Stadtrand von Paris. Zuerst dachte ich, Cem hätte sich vielleicht in der Adresse geirrt, doch als Louis ein knappes »Wir sind da« von sich gab, war jeder Irrtum ausgeschlossen.

Kaum war ich aus der Limousine gestiegen, die in dieser tristen Umgebung so auffällig war wie ein bunter Hund, schweifte mein Blick an der Fassade empor. Was einst vermutlich mal ein leuchtendes Weiß gewesen war, erinnerte nun vielmehr an die Farbe von Matsch.

»Hier wohnt dein Opa?«, fragte Liz sichtlich verwirrt.

Auch mir fiel es schwer, mir vorzustellen, dass Gaston Dupont eine Wohnung in einem heruntergekommenen Haus bezog, während der Präsident und sein Sohn im Élysée-Palast lebten, in dem es sogar einen eigenen Tresorraum für das Goldbesteck gab.

»Ich weiß, was ihr denkt«, sagte Louis. »Papa und ich haben Opa angeboten, dass er bei uns im Palast wohnen könnte, doch Opa ist in der Hinsicht sehr stur. Ihm gefällt es in seinen vier Wänden.«

Meine Gedanken wanderten zu dem prunkvollen Palast der

Präsidentenfamilie, um dann mit meinem Blick wieder an der matschfarbigen Fassade hängen zu bleiben.

Während Liz bereits das gusseiserne Gartentor geöffnet hatte und zielstrebig auf den Hauseingang zumarschierte, hielt ich Louis sacht am Arm zurück.

»Danke, dass du mir hilfst, Louis. Das bedeutet mir viel.«

Louis lächelte. »Freunde helfen sich gegenseitig, oder nicht? Und ich möchte ebenso sehr Antworten bekommen wie du.«

Er griff nach meiner Hand und drückte sie kurz.

Wie schön wäre es, wenn wir jetzt einfach zwei ganz normale Teenager gewesen wären, die sich nicht um einen verrückt gewordenen Premierminister und eine rätselhafte Kakaogabe kümmern mussten?

So schnell, wie der vertraute Moment zwischen mir und Louis gekommen war, verflüchtigte er sich jedoch auch wieder.

»Ey, wollt ihr da etwa Wurzeln schlagen?«, schallte Liz' fordernde Stimme zu uns herüber und hastig lösten Louis und ich unsere ineinander verschränkten Finger.

»Bereit?«, flüsterte ich Louis leise zu.

»Bereit.«

»Hallo, wer ist da?«, drang eine krächzende Männerstimme aus der Gegensprechanlage.

»Hier ist Louis ... Hallo, Opa.«

»Lou?«, fragte die Stimme überrascht, als könnte Monsieur Dupont kaum glauben, dass sein eigener Enkelsohn vor der Haustür stand.

Stille machte sich breit, lediglich Liz' nervöses Fußgetrippel überdeckte die angespannte Stimmung.

Nach einer halben Ewigkeit wurde der Summer betätigt, es knackte noch einmal in der Gegensprechanlage und Louis, Liz und ich betraten das Haus.

Cem hatte sich dazu entschieden, im Wagen auf uns zu warten.

Im Flur roch es muffig und der Aufzug war kaputt, weshalb wir die Treppe nehmen mussten. Die Türen und Wände waren so dünn, dass man die verschiedensten Geräusche wahrnehmen konnte. Hinter einer Tür hörte man einen Hund bellen, hinter einer anderen ein Kind weinen.

Als wir erst das zweite Stockwerk erklommen hatten, machte sich bereits ein unangenehmes Ziehen in meinen Beinen bemerkbar. Herrje, selbst ein Faultier war sportlicher als ich. Musste wirklich ein schönes Leben sein, den ganzen Tag an einem Baum zu hängen …

»Keine Müdigkeit vortäuschen, wir haben noch ein paar Stockwerke vor uns.« Liz gab mir einen Klaps auf den Hintern und stürmte mit beneidenswert leichtfüßigen Sprüngen an mir vorbei.

Als wir endlich das sechste und somit letzte Stockwerk erreicht hatten, stand ein älterer Herr mit Krückstock und einem freundlichen Lächeln im Türrahmen. Die Ähnlichkeit zu seinem Enkel war kaum zu übersehen, denn er hatte die gleichen blauen Augen wie Louis. Sie strahlten etwas Zuversichtliches aus. Wahrscheinlich war dies auch der Grund, warum ich mich von Anfang an so wohl in Louis' Nähe gefühlt hatte.

»Hallo, Louis. Schön, dich zu sehen.«

»Hallo, Opa«, sagte Lou, ging auf ihn zu und umarmte ihn. Als sich die beiden voneinander lösten, deutete Monsieur Dupont auf Liz und mich.

»Und wen hast du da noch mitgebracht?«

»Ich bin Mila und das ist Liz«, stellte ich uns vor und lächelte Louis' Opa an. »Wir sind Freunde aus Deutschland und im Rahmen eines Schüleraustauschs hier … Und wir brauchen Ihre Hilfe, Monsieur Dupont.«

»Meine Hilfe?« Überrascht hob er die Augenbrauen. »Na dann, immer hereinspaziert in die gute Stube.«

Wir machten es uns auf der Couch im Wohnzimmer von Louis' Opa bequem. Die abgewetzten Sessel und die alten Holzmöbel verliehen dem Raum eine gemütliche Atmosphäre. In den Regalen erspähte ich unendlich viele Bücher, darunter einige über die Geschichte des Kakaos.

»Kann ich euch etwas anbieten? Vielleicht ein paar Kekse? Schokolade? Eine Tasse Kakao?«

Louis und Liz lehnten ab und auch ich schüttelte den Kopf.

»Nein, danke, allerdings sind das schon die richtigen Stichwörter«, nahm ich den Faden auf.

»Ich verstehe nicht ganz«, sagte Monsieur Dupont und setzte sich uns gegenüber in den Sessel.

Wortlos zog ich das Grimoire aus meinem Rucksack heraus.

»Monsieur Dupont, kommt Ihnen das vielleicht bekannt vor?«

Die Augen des älteren Herrn weiteten sich. »Woher hast du das?«

»Es gehörte meiner Großmutter. Leni Kornblum.«

Wenn überhaupt möglich, wurden die Augen von Gaston Dupont noch etwas größer.

»Du bist Mila, Lenis Enkelin? Ich hätte nicht gedacht, dass wir beide uns einmal begegnen. Sie hat mir von dir erzählt.«

Ein warmes Gefühl durchflutete meinen Bauch.

»Das heißt, Sie erinnern sich gut an meine Oma?«

»Leni«, sagte er verträumt und ein sehnsuchtsvolles Lächeln teilte seine Lippen, während seine Augen zu leuchten begannen.

»Wie könnte ich sie je vergessen. Sie war meine erste große Liebe.«

Ich stutzte. Meine Oma und Gaston Dupont waren ein Liebespaar gewesen? Mir war nie in den Sinn gekommen, dass es vor meinem Opa noch einen anderen Mann im Leben meiner Oma gegeben haben könnte. Leider war Opa bei einem Motorradunfall gestorben, als ich vier Jahre alt gewesen war. Ich hatte kaum Erinnerungen an ihn. Ob Louis' Großmutter ebenfalls schon verstorben war?

»Ich lernte sie in Paris kennen. Wir waren beide jung. Und wir verliebten uns Hals über Kopf ineinander«, erzählte Gaston Dupont.

»Wie romantisch«, entfuhr es Liz verzückt, woraufhin Monsieur Dupont schmunzeln musste.

»Was ist damals passiert?«, wollte Louis wissen.

Gaston Dupont ließ sich tiefer in seinen Sessel zurücksinken und seine Augen wurden glasig, als wäre er mit seinen Gedanken an einem weit entfernten Ort.

»Leni und ich gründeten gemeinsam den Chocolatiers-Zirkel, was uns eng zusammenschweißte. Leider hatten wir uns zu einem sehr ungünstigen Zeitpunkt kennengelernt, unsere Liebe stand unter keinem guten Stern. Wir waren beide noch sehr jung, Leni achtzehn und ich neunzehn. Ich hatte mich bereits dem französischen Militär verpflichtet, während Leni plante, sich ein Leben in Deutschland aufzubauen und zu studieren. Doch wir versprachen einander, über Briefe in Kontakt zu bleiben und uns wiederzusehen.«

Er hielt kurz inne. »Aber was soll ich sagen, manchmal geht die Liebe seltsame Wege. Als ich von meinem Auslandseinsatz in Algerien zurück war, hatte Leni bereits einen anderen Mann kennengelernt – deinen Opa, Mila«, fügte er hinzu und sah mich dabei an. »Meine Einheit hatte zuvor mehrere Monate als vermisst gegolten, sodass Leni vermutlich die Hoffnung aufgegeben hatte, mich jemals lebend wiederzusehen. Dann traf ich schließlich auf Louis' Großmutter. Und somit endete Lenis und meine begonnene Romanze. Doch wir hatten über die Jahre hin und wieder Kontakt, allein schon wegen unserer Verantwortung gegenüber dem Chocolatiers-Zirkel.«

Louis und ich sahen uns an. Wie es wohl gelaufen wäre, wenn meine Oma und Louis' Opa zusammengeblieben wären, möglicherweise Kinder bekommen hätten?

Louis schien das Gleiche zu überlegen, denn er sah fast ein bisschen erleichtert aus, dass das Leben einen anderen Weg eingeschlagen hatte.

Ich dachte an den Tagebucheintrag meiner Oma und ihren Besuch in Paris. Ob sie mit dem geheimnisvollen Mann niemand Geringeren als Louis' Großvater gemeint hatte?

In meinen Gedanken war ich plötzlich wieder fünf Jahre alt und lag mit meiner Plüschgiraffe im Bett.

Ich sah den alten Mann an. »Ich glaube, meine Oma hat mir schon früher Geschichten von Ihnen erzählt, als ich noch klein war. Sie sind der Mann, über den meine Oma auch in dem Grimoire schreibt, oder?«

Gaston Dupont nickte. »Wie geht es Leni denn? Ich habe sie lange nicht mehr gesehen und auch nichts mehr von ihr gehört. Vor ein paar Monaten schrieb ich ihr einen Brief, habe jedoch nie eine Antwort darauf erhalten. Ist sie glücklich?«

Ich schluckte. Mein Hals wurde eng und ich fühlte eine tiefe Sehnsucht in mir aufsteigen. Ich hätte alles dafür gegeben, Oma in diesem Augenblick an meiner Seite zu haben. Sie hätte gewusst, was zu tun wäre. Oma hatte ein Talent dafür gehabt, mich zu trösten, wann immer ich traurig war. Ob nach einer schlechten Note, einem blöden Spruch von Charlotte aus meiner Klasse oder einem Streit mit Ma … Oma hatte mir jedes Mal ein Lächeln ins Gesicht gezaubert.

Instinktiv zog ich die Kette aus meinem Ausschnitt hervor und umschloss den Kakaobohnenring. Omas Gesicht blitzte vor meinem inneren Auge auf.

»Sie ist … sie ist bereits vor zwei Jahren gestorben«, sagte ich leise und Tränen stiegen in mir auf. »Sie hatte Krebs. Oma hat lange gegen ihn angekämpft, aber irgendwann war auch sie nicht mehr stark genug.«

Der aufwallende Schmerz in Gaston Duponts Blick machte mich betroffen. Er musste meine Großmutter einst sehr geliebt haben. Tat es vielleicht immer noch.

»Leni«, sagte er leise und seine Augen schimmerten verdächtig. Er brauchte einen Moment, um sich zu sammeln.

»Haben Sie nie hinterfragt, warum Sie so lange nichts mehr von meiner Oma gehört haben?«, wagte ich zu fragen.

Gaston Dupont legte seinen Kopf schief. »Ich weiß es nicht. Manchmal hatte ich den Eindruck, Leni empfände den Kontakt zu mir als schmerzhaft. Sie hatte sich immerzu Vorwürfe gemacht, dass sie nach meinem Auslandseinsatz nicht auf mich gewartet und stattdessen die Hoffnung aufgegeben hatte. Als ich auf ihren Brief vor einigen Monaten keine Antwort erhielt, dachte ich, es wäre ihre bewusste Entscheidung gewesen, mich aus ihrem Leben zu streichen. Doch da lag ich wohl falsch …«

Er beugte sich zu mir herüber und strich über meine Hand.

»Du hast das gleiche warme Lächeln wie sie. Sie wird immer bei dir sein. Trage die Kette stets bei dir.«

Ich holte tief Luft.

»Monsieur Dupont, wenn sie gemeinsam mit meiner Oma den Chocolatiers-Zirkel gegründet haben, dann … dann sind Sie selbst auch ein Duftseher, oder? So wie meine Großmutter und ich.«

»Und wie mein Vater«, ergänzte Louis mit einem spitzen Seitenhieb. Es war nicht einmal eine Frage, sondern eine bittere Feststellung. Lou sah aus, als hätte er in eine Zitrone gebissen.

Gaston Duponts Blick flackerte. »Ja, es stimmt, Lou. Sowohl dein Vater als auch ich sind Duftseher, ebenso wie Leni und Mila.«

»Ihr habt uns alle die ganze Zeit angelogen!«, zischte Louis wütend und knirschte mit den Zähnen.

Gaston Dupont strich sich über die Schläfe, als hätte er Kopfschmerzen. »Ja, das stimmt. Aber es gab einen guten Grund dafür, dass wir euch nicht eingeweiht haben. Noch nicht! Es wäre zu gefährlich gewesen. Selbst wir haben unsere Gabe geheim gehalten, damit sie nicht nach außen dringt. Dein Vater und ich waren uns anfangs nicht sicher, ob du diese Gabe womöglich auch geerbt haben könntest. Doch als klar wurde, dass dies nicht der Fall ist, wollten wir dein Leben nicht unnötig kompliziert machen, indem du von unserem Talent erfährst.«

Dann hatte ich mit meiner Theorie also recht behalten, schoss es mir durch den Kopf. Die Gabe des Duftsehens wurde nur willkürlich weitervererbt und übersprang demnach manche Generationen. Darum hatte Ma sie auch nicht. Oder Tante Claudi.

»Aber warum musste die Gabe geheim gehalten werden? Was ist so schlimm am Duftsehen?«, forschte ich nach. Ich wollte, dass sich die Puzzleteile in meinem Kopf endlich zu einem einheitlichen Bild fügten. Und wenn ich aus diesem ganzen Duftsehen-Dings schlau werden wollte, musste ich die Einzelheiten kennen.

»Es gab in unserer Welt seit jeher Übernatürliches, das sich nicht erklären ließ«, holte Louis' Opa weiter aus. »Schon früher versuchten die Menschen, einen Blick in die Zukunft zu erhaschen. Es gab Wahrsager, Sterndeuter, Kaffeesatzleser, Schamanen … Auch die Duftseher lebten unter ihnen. Mit dem Unterschied, dass diese wirklich die Gabe besaßen, in die Zukunft zu schauen, und nicht nur bedeutungslose Quacksalberei von sich gaben. Damals wurde die Gabe des Duftsehens offen ausgelebt, doch in der heutigen Zeit, in der Neid und Missgunst regieren, bleibt ein solches Talent besser unentdeckt. Wissen bedeutet Macht. Und die wiederum ist gefährlich. Nicht auszudenken, wenn solch ein Wissen in die falschen Hände geraten würde.«

Auf einmal schlich sich Besorgnis in seine Miene. »Aber wieso seid ihr hier? Ist was passiert? Geht es deinem Vater und dir gut, Lou? Ich habe die Rede zur Lage der Nation im Fernsehen gesehen und war sehr beunruhigt.«

Wir drei Freunde sahen einander an.

Und dann begannen wir zu erzählen.

KAPITEL 27

Lektion »Wenn ein Parfüm
nach Schimmel riecht, ist was faul!«

»Wir glauben, dass es im Palast nicht mit rechten Dingen zugeht!«, platzte es aus Liz heraus. »Der Premierminister plant etwas. Er will die schlechte gesundheitliche Verfassung des Präsidenten ausnutzen!«

»Hinzu kommt, dass Papa schon seit Wochen über Geruchs- und Geschmacksverlust klagt. In den letzten Tagen wirkte er oft geschwächt. Und jetzt versucht Jacques Dubois, alles Mila in die Schuhe zu schieben, und behauptet, sie hätte dem Präsidenten irgendein verdächtiges Medikament verabreicht.« Louis machte ein wütendes Gesicht.

»Aber das ist noch nicht alles«, klinkte ich mich nun ebenfalls in die hitzige Unterhaltung ein. »Ich habe so ein komisches Gefühl in der Nähe des Premierministers. Ich sehe immer wieder Zukunftsschnipsel. Und ich weiß nicht, ob das wichtig ist, aber in seiner Anwesenheit habe ich jedes Mal einen strengen Geruch in der Nase. Wie Kakao, der bereits schimmelt und verdorben ist«, ergänzte ich.

Gaston Dupont war höchst alarmiert.

»Das ist überhaupt nicht gut«, murmelte er. »Es wäre jetzt zu umfangreich, euch in der kurzen Zeit über alles aufzuklären, aber ihr müsst wissen, dass es gute und böse Duftseher gibt. Die guten – wie dein Vater –«, sein Blick schnellte zu Louis herüber, »nutzen ihre Gabe üblicherweise für redliche Zwecke, jedoch im Verborgenen und ohne ihre Gabe publik zu machen. Jene Duftseher haben sich dem Chocolatiers-Zirkel angeschlossen, den Leni und ich gegründet haben. Duftseher aus aller Welt sind Mitglied in diesem Zirkel. Dieser Zirkel war auch der Grund für Lenis Rückkehr nach Paris. Einige Mitglieder arbeiten in Forschungslaboren, in Krankenhäusern oder in ärmeren Ländern. Sie sehen beispielsweise drohende Krankheiten und Naturkatastrophen voraus. Andere wiederum sind in politischen Ämtern tätig. Sie versuchen, schreckliche Ereignisse abzuwenden und im Sinne der Menschheit zu handeln. Sie haben die Möglichkeit, die Zukunft positiv zu beeinflussen. Doch die bösen Duftseher – jene, die die Gesetze, Werte und Ansichten des Chocolatiers-Zirkels missachten – missbrauchen das Wissen, das sie über die Zukunft haben, zu eigenen, unlauteren Zwecken.«

»Opa, worauf willst du hinaus?«, hakte Lou nach, doch mir schwante bereits Übles.

»Dass Jacques Dubois höchstwahrscheinlich auch ein Duftseher ist. Denn bei bösen Duftsehern ist es so, dass sich ihre schlechten Absichten nach außen kehren. Wie Mila schon sagte: Sie riechen nach verdorbenem Kakao, bitter und dunkel. Und dieser Geruch haftet wie ein aufdringliches Parfüm an ihnen.«

O Gott!

»Sicher ist Jacques Dubois dann auch das Leck im Palast! Die Drohbriefe, die Informationen, die er der Presse hat zukommen lassen, die unerklärlichen Rücktritte der Minister, die eigentlich seinen Posten bekommen sollten … Dieser Aasgeier!«, ereiferte ich mich.

»Das heißt, dass Jacques Dubois als Duftseher ebenfalls die ganze Zeit die Zukunft von Frankreich vor Augen hatte? Aber hätte Papa durch seine Gabe als Duftseher nicht erkennen müssen, dass der Premierminister etwas Gefährliches plant?«, überlegte Louis laut.

Gaston Dupont war mittlerweile aus seinem Sessel aufgestanden und tigerte ruhelos durch den Raum. Nachdenklich hielt er sich den Zeigefinger ans Kinn.

»Nicht zwingend. Hast du nicht gesagt, dass dein Vater schon seit Längerem nichts mehr riechen und schmecken konnte? Durch den Geruchsverlust ist dein Vater unmöglich imstande gewesen, in die Zukunft zu sehen. Ein Duftseher ist immer auf seine feine Nase angewiesen. Allerdings …« Er stockte.

»Allerdings was?«, hakte Liz nach.

Gaston Dupont blieb stehen und sah uns der Reihe nach an. »Ich kann mir nicht vorstellen, dass der Premierminister diesen Plan allein verfolgt hat. Möglicherweise hat er einen Gehilfen, einen Komplizen im Palast. Wenn sie meinem Sohn wirklich etwas eingeflößt haben, was auch seinen Geruchsverlust und die geistige Verwirrung erklären würde, dann muss es eigentlich jemand sein, der ständig freien Zugang zu den Speisen und Getränken des Präsidenten hat und ungesehen etwas hineinmischen könnte.«

Plötzlich fiel es mir wie Schuppen von den Augen. Wieso war ich da nicht eher drauf gekommen?! Ich schlug mir vor die Stirn.

»Natürlich!«, stöhnte ich auf. »Madame Pompidou!«

Louis sah mich völlig entgeistert an. »Nie im Leben, für Madame Pompidou würde ich meine Hand ins Feuer legen!«

»Denk doch mal nach, Louis«, versuchte ich, ihm auf die Sprünge zu helfen. »Sie bereitet jeden Morgen den Kakao für den Premierminister und deinen Vater zu. Außerdem habe ich sie letztens mit Jacques Dubois in der Küche gesehen. Die beiden machten den Anschein, als hätten sie etwas Wichtiges zu besprechen.«

»Dafür gibt es bestimmt eine Erklärung. Vielleicht wollte er einfach einen Kakao bei ihr bestellen?«, widersprach Louis lahm.

Abermals hatte ich das Gefühl, dass ich etwas außer Acht ließ. Doch als ich an die feuerroten Haare von Madame Pompidou dachte, machte es klick.

»Als Liz und ich neulich in dieser kleinen Chocolaterie in Montmartre waren, da habe ich von hinten eine Frau mit roten Haaren gesehen. Ich glaube – nein, ich bin mir eigentlich sogar ziemlich sicher«, korrigierte ich mich selbst, »dass es Madame Pompidou war. Vielleicht hat sie Schokolade für Jacques Dubois gekauft.«

Zig Fragen wirbelten in meinem Kopf herum und ich sah Gaston Dupont ernst an.

»Aber wieso konnten Sie oder ich nicht genau sehen, was Jacques Dubois vorhat?«, fragte ich.

»Das Duftsehen ist eine komplizierte Angelegenheit, meine liebe Mila. Es hängt von vielen Faktoren ab«, erklärte Gaston Dupont. »Zum einen von der Intensität des Kakaogeruchs, von der Art der Kakaobohne und auch davon, wie nah das Ereignis ist beziehungsweise in welchem Radius es sich befindet. Zum anderen spielt auch das Alter eine Rolle, denn die Gabe schwächt sich ab einem gewissen Lebensjahr ab. Und du, du bist noch in den Anfängen als Duftseherin, da sind die Bilder zu Beginn oft sehr verworren. Es braucht seine Zeit, bis sich die Gabe vollständig entfaltet. Zumal sich klare, kontrollierte Bilder nur mithilfe der magischen Rezepte aus dem Grimoire sehen lassen. Alle anderen sind unkontrolliert und unscharf.«

»Und was machen wir jetzt?«, fragte ich verzweifelt. »Wir

müssen doch irgendwas tun und dem Premierminister das Handwerk legen!«

»Ihr müsst ihn mit seinen eigenen Waffen schlagen«, sagte Gaston Dupont, griff nach dem Grimoire meiner Oma und blätterte es auf. Er tippte auf eines der Rezepte.

»Hier ist es. Dieses Rezept müsst ihr anwenden. Die Charakteristische Cranberryschokolade.«

Kurz überflogen Louis, Liz und ich das Rezept. Zartbitterschokolade, getrocknete Cranberrys, Mandeln und etwas Mark einer Vanilleschote.

»Die Zutaten müssten wir alle in der Küche im Palast finden«, meinte Louis. »Aber verrätst du uns noch, was dieses Rezept so besonders macht, Opa?«

»Wie der Name schon vermuten lässt, legt dieses Rezept den Charakter und die wahren zukünftigen Absichten einer Person offen. Voraussetzung dafür ist allerdings, dass sich die Zielperson in der Nähe befindet. Und ihr müsst an den Ring des Premierministers gelangen.«

Gedankenverloren spielte ich an meinem eigenen Ring.

»Warum, was spielt er für eine Rolle?«

»Der Ring beschützt dich, Mila«, erklärte Gaston Dupont. »Solange du ihn am Körper trägst, sind andere Duftseher nicht imstande, in deine Zukunft zu sehen.«

»Und der Premierminister brauchte gar nicht den Ring des Präsidenten, denn dadurch, dass er einer seiner engsten Vertrauten ist, wusste er stets, wie der nächste politische Schritt aussieht«, fasste ich zusammen.

»Raffiniert, das muss man ihm lassen«, murmelte Lou. »Aber wozu all das?«

»Ich nehme an, dass ihm die Zukunftsvisionen deines Vaters nicht in den Kram gepasst haben. Auch wenn er als Premierminister die Spitze der Regierung bildet, steht er immer im Schatten des gegenwärtigen Präsidenten. Denn der Präsident ist derjenige, der das Land repräsentiert, sich in der Öffentlichkeit zeigt und zur Nation spricht. Er ist das Symbol Frankreichs.«

»Mannomann, wer hätte gedacht, dass Magie so kompliziert ist?«, sagte ich und rieb mir über die Stirn, hinter der sich allmählich Kopfschmerzen ankündigten.

Gaston Dupont stieß ein Lachen aus. »Das stimmt wohl, mit Magie ist nicht zu spaßen.«

Er blickte auf seine Armbanduhr. »Ihr solltet zurück zum Palast, bevor der Premierminister noch größeres Unheil anrichtet. Doch es ist euer Vorteil, dass er nicht zu ahnen scheint, dass Mila ebenfalls eine Duftseherin ist.« Gaston Dupont reichte uns das Grimoire.

»Kommst du nicht mit?«, fragte Lou sichtlich enttäuscht und schürzte die Lippen.

Gaston Dupont lächelte seinen Enkel an.

»Nein, ich wäre euch nur eine Last. Ich komme mit meinem Krückstock nicht schnell genug voran. Aber ich lasse mein Handy direkt neben mir liegen, für alle Fälle.«

»Okay«, sagte Louis leise und nickte. Er rang mit sich, doch dann nahm er seinen Großvater in den Arm.

Dieser sah uns zum Abschied ermutigend an.

»Gemeinsam könnt ihr es schaffen. Wenn ihr nur an euch glaubt. Freundschaft ist stärker, als Magie es je sein könnte. Merkt euch das.«

KAPITEL 28

Ein kakaoiges Komplott

»Ich schlage vor, wir teilen uns auf«, sagte Liz, kaum dass wir in den Élysée-Palast zurückgekehrt waren.

Die Lage war nach wie vor schlecht. Auf Nachfrage beim Arzt des Präsidenten wurde uns mitgeteilt, dass Louis' Vater noch immer nicht richtig ansprechbar war und weiterhin Ruhe benötigte. Und zu unserem Unmut trieb der Premierminister unaufhaltsam sein Unwesen im Schloss.

Ich sah Louis an, wie sehr ihn die Sache mitnahm, doch er schlug sich wacker und gab sich nach außen hin möglichst gefasst.

»Gute Idee«, kommentierte er Liz' Vorschlag. »Was schwebt dir vor?«

Ich glaube, insgeheim war Louis für jede Ablenkung dankbar.

»Zwei von uns kümmern sich darum, den Ring des Premierministers zu entwenden, während sich die anderen beiden daranmachen, die Zutaten für die Schokolade zu besorgen.«

»Letzteren Part würde ich übernehmen, wenn es in Ordnung ist. In der Küche kenne ich mich besser aus als in meiner eigenen Westentasche.« Fragend sah Louis mich an. »Mila, hilfst du mir dabei?«

Ich nickte. »Sicher.«

Liz betrachtete Cem mit einem unheilvollen Grinsen. »Cool, dann übernehmen wir den kreativen Part. Endlich kann ich mein Schauspieltalent mal wieder ausleben.«

»Ohne mich«, sagte Cem und schüttelte vehement den Kopf. »Ich kann als Bodyguard des französischen Präsidenten nicht den Premierminister beklauen!«

»Hast du vorhin nicht gesagt, mit der Sicherheit der Nation kann man so ziemlich alles begründen, hm?«, zog Liz Cem mit seinen eigenen Worten auf.

»Aber damit habe ich doch nicht mich gemeint! Wie willst du das überhaupt anstellen?«

»Keine Sorge, ich habe da so eine Idee …« Das Funkeln in Liz' Augen wurde – wenn überhaupt möglich – noch ein bisschen beunruhigender. »Und diese Idee beinhaltet eine Sicherheits-schleuse.«

Der Bodyguard war aschfahl im Gesicht.

»Cem, jetzt zier dich nicht so! Du bekommst heute die einma-lige Chance, ein richtiger Held zu werden!« Mit diesen Worten schleifte Liz den hilflosen Cem hinter sich her und wünschte uns viel Erfolg.

Louis fasste mich sanft am Arm. »Na los, auf in die Küche.«

Wir hatten Glück, dass in der Küche heute nichts los war, denn Jacques Dubois höchstpersönlich hatte dem gesamten Küchen-personal freigegeben. Vermutlich damit er sich bereits vollkom-men in seiner Macht suhlen konnte. Aber das war zumindest jetzt zu unserem Vorteil.

Louis durchsuchte die Regale, bis er alle Zutaten gefunden hatte, die wir brauchten. Auf der Arbeitsplatte vor uns stapelten

sich Zartbitterkuvertüre, eine Tüte mit getrockneten Cranberrys, Mandeln und eine intensiv duftende Vanilleschote.

Ich stutzte, als ich die Verpackung der Zartbitterkuvertüre
sah, und nahm sie in die Hand. Auf der Rückseite war ein Auf-
kleber des Geschäfts, in dem die Schokolade gekauft worden
war. Ich schnaubte. Madame Pompidou hatte sie tatsächlich aus
der kleinen Schokoladenmanufaktur von Monsieur Cadault.
Ich hatte mich demnach nicht getäuscht.

»Was ist?«, fragte Louis.

»Hier«, ich hielt ihm die Kuvertüre entgegen, »Madame
Pompidou hat hochwertige Schokolade gekauft, und zwar genau in der Chocolaterie, in der auch Liz und ich waren. Ich bin
mir mittlerweile fast zu hundert Prozent sicher, dass Madame
Pompidou etwas mit der Sache zu tun hat.«

Louis krempelte voller Tatendrang die Ärmel seines Hemdes
nach oben. »Dann lass uns keine Zeit verlieren.«

Er schnappte sich die Kuvertüre, während ich mir die Cranberrys vornahm. Auf der Küchenplatte neben uns lag das aufge-
schlagene Grimoire.

Seite an Seite hackten wir die Zutaten für unsere magische
Schokolade klein, wobei sich hin und wieder unsere Arme berührten.

Louis lächelte mich an, und da war wieder dieses warme Gefühl in meinem Bauch. Es fühlte sich an, als würde ich schweben und als würde alles plötzlich ganz leicht werden.

Zusammen mit dem Vanillemark schmolzen Louis und ich
die geraspelte Kuvertüre. Dabei achtete ich darauf, dass die
Masse in dem Schmelzbad nicht anbrannte, und rührte sie immer wieder mit einem Kochlöffel um, so wie es auch die Anlei-
tung im Grimoire besagte.

Der Geruch von Kakao drang mir in die Nase, doch nur einzelne Schnipsel blitzten auf. Wieso war Magie so verdammt unberechenbar?

»Gibt es hier in der Küche eine Form, in die wir die Schokoladenmasse gießen können?«

»Warte, ich schaue mal nach«, murmelte Louis und durchforstete abermals sämtliche Schränke, Regale und Schubladen.

Schließlich reichte er mir eine Silikonform, in der man acht Schokoladenstücke gießen konnte – in Form von Herzen. Mein Gesicht wurde schon wieder flammend heiß. Verdammt, konnte das nicht mal aufhören? Ich wollte nicht verliebt sein, wenn man dann ständig wie eine überreife Tomate aussah!

Louis kratzte sich am Kopf. »Was anderes gab es nicht …«

Gut, dann eben Herzen! Ich riss mich zusammen und setzte ein betont gleichgültiges Gesicht auf.

Während ich die Silikonform hielt, goss Louis die erwärmte Kakaomasse hinein. Durch vorsichtiges Rütteln verteilte ich die süße Kuvertüre möglichst gleichmäßig darin. Anschließend gab ich noch die gehackten Cranberrys dazu.

Misstrauisch beäugte ich die Schokoladenherzen.

»Und das soll jetzt unsere magische Schokolade sein? Es fällt mir immer noch schwer zu glauben, dass je nach Rezept eine unterschiedliche Wirkung hervorgerufen werden kann. Das ist doch verrückt!«

»Nicht alles lässt sich in Worte fassen. Manche Sachen muss man einfach spüren.«

Als er dies sagte, sah er mich irgendwie komisch an. Ich konnte seinen Blick nicht deuten. Er war eine Mischung aus nachdenklich, fragend und … liebevoll? Mein Herz machte einen Purzelbaum.

Doch dann erinnerte ich mich daran, was Louis zu mir auf dem Eiffelturm gesagt hatte.

Du bist wirklich eine gute Freundin.

Ich schluckte.

Louis machte noch einen Schritt auf mich zu. »Mila, ich …«

»Ja?« Mein Herz schlug mindestens so laut wie eine Buschtrommel. Es war ein Wunder, dass Louis es nicht hören konnte.

Jetzt schluckte auch Louis, seine Augen huschten unruhig hin und her.

»Ich …«, setzte er erneut an, doch er kam nicht weiter.

»Wir haben den Riiiiing!«, jubelte auf einmal eine Stimme hinter uns, und vor Schreck hätten wir beide fast die Silikonform mit der Schokolade von der Arbeitsplatte gefegt.

Hastig fuhren wir auseinander, als hätten wir uns verbrannt. Liz stolperte mit Cem im Schlepptau in die Küche.

Sie stutzte, als sie uns ansah. »Stören wir etwa?«

Ich wagte es nicht, Louis einen Blick zuzuwerfen, und ignorierte Liz' Kommentar geflissentlich.

»Puh, das war knapp«, keuchte Cem und wischte sich über die Stirn, während Liz triumphierend den Ring von Jacques Dubois in die Höhe hielt. »Der Adrenalinschub reicht locker für die nächsten drei Jahre. Ich glaube, meinen Job als Leibwächter kann ich an den Nagel hängen, wenn das so weitergeht.«

»Wenn Jacques Dubois den Élysée-Palast für sich einnimmt, dann auf jeden Fall«, gab Liz trocken zurück.

»Möchte ich überhaupt wissen, wie ihr an den Ring gekommen seid?«, fragte ich und durchbohrte Liz und Cem förmlich mit meinem Blick, während mein Herz noch immer wie wild klopfte. Ich konnte nicht klar denken, solange Louis so dicht neben mir stand.

Liz legte den Kopf schräg. »Nun, in der Kurzfassung: Zuerst haben wir Jacques Dubois durch ein Missverständnis nach draußen gelotst, sodass er die Sicherheitsschleuse passieren musste, um in den Palast zurückzugelangen. Cem hat unauffällig den Posten eines anderen Securitymannes eingenommen und so getan, als gäbe es bei der Kontrolle Schwierigkeiten. Jacques Dubois war derartig im Stress, dass er sich nicht einmal darüber gewundert hat, warum ausgerechnet Cem die Wache an der Schleuse übernommen hat. Der Premierminister musste dann sämtlichen Schmuck ablegen. In der Zeit konnte ich den Ring – der übrigens auch an einer Kette befestigt war – flugs an mich nehmen. Im Anschluss habe ich den Premierminister so zugelabert, dass er seinen Ring anscheinend vollkommen vergessen hat und nur froh war, meinen Fängen zu entkommen. Fragt sich bloß, wann ihm auffällt, dass er ihn nicht mehr bei sich hat.«

»Bedeutet, wir haben nicht viel Zeit«, fasste ich im Umkehrschluss zusammen. »Wie gut, dass die Schokolade gleich fertig ist.«

Ich stellte die Silikonform für fünf Minuten in den Kühlschrank und blickte in das Grimoire.

»Hmm, hier steht, die Kuvertüre soll zwei bis drei Stunden auskühlen.«

»Die Zeit haben wir nicht«, befand Liz. »Ab ins Gefrierfach damit.«

Gesagt, getan. Nachdem die Schokolade halbwegs fest war, setzten Cem, Louis, Liz und ich uns um einen rechteckigen Tisch – vor uns die Silikonform mit den Schokoladenherzen, das Grimoire und die Kette mit dem Ring des Premierministers.

Cem griff bereits nach einem Schokoladenstück, als Liz ihm einen leichten Klaps auf die Hand gab.

»Finger weg, die Schokolade ist für Mila«, wies sie ihn zurecht, woraufhin Cem ein beleidigtes »Aua« von sich gab, seine Hand jedoch wieder zurückzog.

Ich hielt mir eins der gegossenen Herzen unter die Nase und roch daran. Der feine Duft von Schokolade waberte durch die Küche und ich schloss die Augen.

Als ich sie wieder aufschlug, starrten mich drei Augenpaare erwartungsvoll an.

»Leute, so kann ich nicht«, maulte ich und stellte noch im gleichen Atemzug fest, dass ich wie ein kleines Mädchen klang, das vor seinen Eltern nicht ins Töpfchen pinkeln konnte. Schon früher hatte ich es gehasst, wenn andere Menschen mir bei irgendetwas zusahen.

Prompt drehten Louis, Liz und Cem ihre Köpfe weg und taten so, als wären sie intensiv damit beschäftigt, die Küchenkacheln zu mustern.

Ich schmunzelte, konzentrierte mich dann jedoch wieder auf meinen eigentlichen Auftrag. Also schloss ich die Augen und versuchte, den intensiven Schokoladen-Cranberry-Geruch in mich aufzusaugen.

Vor mir formte sich bereits eine Kakaowolke, die sich in der ganzen Küche ausbreitete und deren Umriss von einem sanften, lilafarbenen Schimmer begleitet wurde.

Mit aller Kraft lenkte ich meine Sinne auf Jacques Dubois und bemühte mich, die anderen Gedanken in meinem Kopf auszublenden. Da waren nur noch der Premierminister und mein inständiger Wunsch herauszufinden, was für dunkle Pläne er schmiedete.

Die Kakaowolke wurde größer, bis erste Bilder darin sichtbar wurden. Das Gesicht des Premierministers tauchte auf.

Ich hatte schon die Hoffnung, es geschafft zu haben, doch dann rissen die Bilder plötzlich ab.

Verstört öffnete ich meine Lider.

»Und, hat es funktioniert?«, fragte Liz.

Niedergeschlagen schüttelte ich den Kopf.

»Na los, versuch es noch einmal«, ermutigte Louis mich und auch Cem warf mir einen aufmunternden Blick zu.

Also schloss ich meine Augen wieder und ging das Prozedere von Neuem durch. Konzentration, den Blick schärfen und meinen Fokus auf Jacques Dubois richten, während der Duft der frischen Schokolade meine Sinne vernebelte. Im wahrsten Sinne des Wortes.

Doch sosehr ich mich auch anstrengte, ich sah nur Bildfetzen, die sich nach wenigen Sekunden wieder auflösten.

Ich gab frustriert auf. »Es klappt nicht«, sagte ich. Ich war so enttäuscht von mir selbst, dass ich die aufsteigenden Tränen zurückhalten musste.

Louis sah mir fest in die Augen. »Mila, erinnerst du dich daran, was ich dir bei unserer ersten Begegnung gesagt habe?«

»Dass ich komisch bin, weil ich behauptet habe, ich mag keine Schokolade?«

Er grinste. »Nein, ich meinte den Augenblick, als ich dir gesagt habe, dass du anders bist als alle Mädchen, die ich zuvor kennengelernt habe. Du bist etwas Besonderes, also glaub an dich! Wer glaubt, kann auch sehen.«

Nun traten mir wirklich Tränen in die Augen. Ich konnte gar nichts dagegen machen.

»Hab ich euch eigentlich schon mal gesagt, dass ich euch Knalltüten echt gern habe?«, schniefte ich.

»Knalltüten?«, fragte Cem empört. »Also ich bin als Bodyguard hier definitiv der Seriöseste in dieser Gruppe.«

»Gib dir keine Mühe, Cem. Deinen Status als knallharter Bodyguard des Präsidenten hast du spätestens in dem Moment verloren, als ich vorhin deine Einhornsocken bemerkt habe«, widersprach Liz spöttisch.

Ich hätte schwören können, dass sich eine leichte Röte über sein Gesicht zog.

»Mein Sohn Yunus hat mich dazu genötigt …«, murmelte er peinlich berührt.

Liz nickte wissend, als wollte sie sagen: »Natürlich, erzähl das mal ruhig, auch wenn dir niemand glauben wird.«

Ich wischte mir über die Augen.

»Du schaffst das, Mila«, flüsterte Louis leise und drückte meine Hand. Ich warf einen Blick in die kleine Runde vor mir.

Cem, Louis und Liz sahen mich so aufmunternd und liebevoll an, dass mein Herz vor lauter Freude einen Hüpfer machte.

»Also gut!«, sagte ich entschlossen und mit lauter Stimme zu mir selbst. »Ich schaffe das!«

Zustimmender Jubel begleitete mich.

Dieses Mal versuchte ich, Ruhe zu bewahren. Statt mich selbst von außen in den Räumlichkeiten des französischen Präsidenten zu betrachten, stellte ich mir vor, dass ich gemeinsam mit meiner Oma in ihrer kleinen Küche stand und wir backten. Ein Lächeln umspielte meine Lippen.

Wenn ich an Oma dachte, fühlte ich mich stark und zuversichtlich. Und ich war mir sicher, dass sie mir – von wo auch immer – zusah und mir Kraft schenkte. Es war fast so, als würde eine andere Energie durch meine Adern fließen.

Meine Lider flatterten und alles in mir wurde ganz ruhig.

Als ich meine Augen wieder öffnete, türmte sich wie in Zeitlupe eine Kakaowolke vor mir auf, bis sie sich zu einem immer größeren Gebilde formte, das nur ich sehen konnte. Die ersten Bilder darin wurden ersichtlich, diesmal waren sie klarer.

Ich erkannte das Gesicht des Premierministers, sein Gesicht war zu einer Fratze verzogen. Neben ihm stand niemand Geringeres als Madame Pompidou.

Ich hatte mit meiner Vermutung also richtig gelegen. Die Köchin steckte mit dem Premierminister unter einer Decke. Unweigerlich ballte ich meine rechte Hand zu einer Faust, während ich den Zukunftsfilm weiter vor meinen Augen ablaufen ließ.

Hinter dem Premierminister und Madame Pompidou reckte sich majestätisch der Élysée-Palast in den Himmel.

Der Premierminister winkte huldvoll in die Kamera, Madame Pompidou stand neben ihm und verzog ihre pink geschminkten Lippen zu einem steifen Lächeln.

Die Bilder schwenkten um.

Vor dem Élysée-Palast tobte ein wütender Mob. Zahlreiche Menschen demonstrierten vor dem Schloss und hielten Schilder in die Höhe.

»Nieder mit der Diktatur«, »Fort mit dem Tyrannen« und »Gebt uns Pierre Dupont wieder!« las ich darauf. Ich konnte die Hoffnungslosigkeit der Menschen beinahe spüren.

Dann war der ganze Spuk plötzlich vorbei, und die Kakaowolken lösten sich vor mir in Schall und Rauch auf. Es fiel mir schwer, einen klaren Gedanken zu fassen, ich war wie hypnotisiert. Das Einzige, das permanent durch meinen Kopf kreiste, war die Erkenntnis: Es war mir wirklich gelungen, in den Kopf von Jacques Dubois vorzudringen. Und was sich dort abspielte, war gelinde ausgedrückt grauenhaft, düster und dunkel.

Ich hatte seine Zukunftsvisionen für Frankreich mit seinen Augen gesehen. Ein wahrhaftes Albtraumszenario.

Erst jetzt bemerkte ich, dass meine Hände zitterten.

»O Gott«, keuchte ich entsetzt, jegliches Blut wich mir aus dem Gesicht.

»Was ist los? Was hast du gesehen?«, fragte Lou. Auch Cems und Liz' beunruhigte Blicke lagen auf mir.

Ich sah die drei der Reihe nach an. »Er hat vor, die Macht zu ergreifen und mit eiserner Hand zu regieren. Jacques Dubois plant, Frankreich mit einer Diktatur zu unterdrücken. Und Madame Pompidou ist dabei seine rechte Hand.«

Der Gedanke, dass die Köchin uns mit ihrer offenherzigen Art hinters Licht geführt und uns vom Wesentlichen – nämlich den finsteren Machenschaften des Premierministers – abgelenkt hatte, ließ mich unfassbar wütend werden.

Bestürztes Schweigen breitete sich unter uns vier Freunden aus.

Doch dann schlug Liz mit der Faust auf den Tisch.

»So weit lassen wir es nicht kommen. Denn jetzt beginnt Phase zwei: Wir locken den Premierminister in die Falle!«

KAPITEL 29

Ich brauche keine Therapie – ich muss nur Kakao schnüffeln!

Wir hatten einen Plan geschmiedet und zu aller Vorsicht auch Louis' Opa eingeweiht, für den Fall, dass uns etwas zustoßen sollte.

Gemeinsam gingen wir vier unsere Strategie durch, um den Premierminister zu ködern und ihn aus der Reserve zu locken.

Ich rief mir den Chat auf und las noch einmal die Nachricht durch, die ich vor zwei Stunden von meinem Handy an Jacques Dubois verschickt hatte. Wie gut, dass Louis wusste, wo sein Vater sämtliche Kontaktdaten seiner Berater und Minister abgespeichert hatte.

»Wir haben etwas, das Ihnen gehört. Wenn Sie es zurückwollen, dann kommen Sie heute um Punkt Mitternacht in die Küche. Allein. Ich werde dort auf Sie warten. M.«

Ich blickte in unsere kleine Runde. »Seid ihr sicher, dass er kommt?«

Louis nickte. »Auf jeden Fall. Er wird seinen Ring wiederhaben wollen.«

Mittlerweile war Ruhe im Palast eingekehrt, selbst die Bediensteten und Berater des Präsidenten hatten sich in ihre Gemächer zurückgezogen. Doch wir mussten vorsichtig sein, denn im Palast wimmelte es von Wachen.

Es war bereits 23:45 Uhr. Nur noch eine Viertelstunde bis Mitternacht.

Allmählich machte sich Nervosität in mir breit. Auch Liz trommelte mit ihren Fingern auf die Arbeitsfläche vor sich, während Cem sich den Bauch hielt.

»Ich glaub, ich muss schon wieder aufs Klo«, sagte er.

»Lass mich raten, du warst damals sicherlich einer dieser Schüler, die vor jeder Klassenarbeit mindestens viermal auf die Toilette gelaufen sind.« Trotz der angespannten Stimmung brachte Liz es fertig zu grinsen.

»Was soll ich machen, Aufregung schlägt mir auf den Magen«, verteidigte Cem sich und verzog das Gesicht, als würden ihn Krämpfe heimsuchen.

Es war fast gespenstisch still in der Küche des Élysée-Palastes. Ich zuckte zusammen, als draußen in weiter Ferne ein Hund bellte. Vor die Fenster hatte sich Dunkelheit gelegt und Regentropfen rannen von außen die Scheiben hinab. Kein einziger Stern war am Himmel zu erkennen. Ob das ein schlechtes Zeichen war?

Ich war nicht sonderlich abergläubisch oder spirituell veranlagt, aber seit ich wusste, dass in unserer Welt Magie existierte, war ich mir da nicht mehr so sicher.

Mein Hals fühlte sich so trocken wie die Sahara an. Ich blickte abermals auf mein Handy. 23:55 Uhr, nur noch fünf Minuten.

»Ihr solltet auf eure Posten gehen, er darf keinen Verdacht schöpfen«, sagte ich, während mir das Herz vor lauter Aufregung fast aus der Brust sprang.

»Sei vorsichtig«, bat Louis. »Dieser Mann ist wahrscheinlich zu allem fähig.« Er strich über meinen Unterarm und ich erschauderte. Am liebsten hätte ich ihn in den Arm genommen, doch ich traute mich nicht.

Auch Cem und Liz warfen mir einen aufmunternden Blick zu,

bevor sie sich mit ihren Handys positionierten. Anschließend löschte ich das Licht in der Küche, sodass es dunkel war. Fahles Mondlicht, verschleiert von ein paar dünnen Wolken, fiel zum Fenster herein.

Als schließlich die Turmuhr Mitternacht schlug, war ich ein nervliches Wrack, und meine Anspannung wuchs ins Unermessliche. Mir war kotzübel.

Ein Quietschen ertönte, und ich fuhr herum, aber es war bloß der Wind, der von draußen an den Fenstern rüttelte.

Doch dann öffnete sich die Tür zur Küche und ein dunkler Schatten erschien im Rahmen.

Ich schluckte.

Als er näher trat und der Mondschein sein Gesicht erhellte, erkannte ich den Premierminister. Er trug einen schwarzen Mantel, wie üblich hatte er ein überhebliches Grinsen aufgesetzt.

Ich versteifte mich unmerklich.

»Mila«, sagte er und verzog spöttisch die Mundwinkel. »Mich wundert, dass du deine Koffer noch gar nicht gepackt hast. Deine Zeit in diesem Palast ist abgelaufen, ebenso wie die von Louis. Ich dachte, ich hätte mich da klar und deutlich ausgedrückt?«

Ich gab mich unbeeindruckt und verschränkte die Arme vor der Brust. Mir war nicht nach plaudern, daher beschloss ich, direkt zur Sache zu kommen.

»Sie wissen, warum Sie hier sind, oder?«

»Ehrlich gesagt weiß ich nicht so recht, was dieser ganze Aufzug hier soll.« Jacques Dubois machte eine ausladende Geste mit seinen Händen. »Aber du hast meine Neugierde geweckt.«

Er betätigte den Lichtschalter und sogleich flutete gleißendes Licht die Küche. Angespannt hielt ich den Atem an. Hoffentlich entdeckte er Louis, Liz und Cem nicht!

»Gib mir den Ring!«, zischte er.

»Was denn für einen Ring?«, fragte ich gespielt ahnungslos und sah ihn aus großen Augen an.

»Jetzt pass mal auf«, sagte der Premierminister gefährlich leise und kam immer näher auf mich zu. »Ich habe keine Lust mehr, mir von euch nervigen, pubertierenden Teenagern weiterhin auf der Nase herumtanzen zu lassen. Also sage ich es noch einmal: Gib. Mir. Den. Ring!«

Ich tat so, als würde mir plötzlich ein Licht aufgehen, und schlug mir selbst vor die Stirn.

»Ach, DEN Ring«, erwiderte ich und zog ihn betont langsam aus meiner Hosentasche. »Warum sagen Sie das denn nicht gleich?«

Kurz blitzte der Kakaobohnenring an der langen Kette im fahlen Mondlicht auf, doch bevor Jacques Dubois danach greifen konnte, ließ ich den Ring flugs wieder in meiner Hand verschwinden. Jetzt war Kampf angesagt. Und ich betete, dass Jacques Dubois darauf eingehen würde.

»Erst will ich Antworten von Ihnen«, forderte ich und versuchte, meine Stimme dabei so selbstsicher wie möglich klingen zu lassen.

Jacques Dubois lachte. »Wo sind wir hier? Bei *Wer wird Millionär*?«

Er schlug den Kragen seines Mantels etwas höher.

Dann hielt er seine Hand auf. »Den Ring, ich warte nicht mehr lange!«

»Warum brauchen Sie den denn unbedingt wieder? Hat er einen besonderen Wert für Sie?«, fragte ich arglistig, in der Hoffnung, den Premierminister damit aus der Reserve zu locken.

»Altes Familienerbstück«, entgegnete er betont gleichgültig. »Familienerbstück«, so konnte man das Ganze natürlich auch bezeichnen! Ob seine Vorfahren selbst Duftseher gewesen waren? Von irgendwem aus seiner Familie musste er das Talent ja vererbt bekommen haben.

»Ich weiß, was Sie sind«, sagte ich. »Und ebenso kenne ich Ihre Absichten.«

Der Premierminister lachte. »Ach, ist das so? Hast du etwa in eine Wahrsagekugel geschaut?«

»Nicht ganz, aber nah dran. Das sollten Sie als begeisterter Kakaotrinker doch am besten wissen, oder?«

Für einen kurzen Moment entgleisten dem Premierminister die Gesichtszüge, doch dann hatte er seine Miene auch schon wieder unter Kontrolle.

Er knirschte mit den Zähnen. »Was willst du damit andeuten?«

Ich ließ ihn einen Augenblick lang zappeln und antwortete nicht sofort.

In der Küche war es mucksmäuschenstill, nur der Regen war zu hören, der gegen die Fensterscheiben prasselte.

»Sie sind ein Duftseher, ebenso wie der Präsident«, platzte es schließlich aus mir heraus. »Und das weiß ich, weil ich ebenfalls diese Gabe besitze.«

Die Augen des Premierministers weiteten sich. An seinem ehrlich überraschten Gesichtsausdruck konnte ich ablesen, dass ihn diese Erkenntnis überrumpelte.

Er stieß ein Schnalzen aus. »Mit dieser Wendung hätte ich tatsächlich nicht gerechnet. Du hast deine Hausaufgaben gut gemacht, das muss ich dir wohl oder übel zugestehen.«

Ich stemmte meine Hände in die Hüften.

»Wieso haben Sie den Präsidenten vergiftet? Und wieso wollen Sie Frankreich vernichten?«

Der Premierminister schüttelte mitleidig den Kopf. »Offensichtlich hast du das Ausmaß deiner Gabe noch nicht durchschaut.«

Was sollte das jetzt bitte wieder bedeuten?

Der Premierminister schritt durch die Küche.

»Das Problem ist, dass die Menschen zu klein denken. Wir sind zu Größerem, Bedeutungsvollerem bestimmt, Mila. Die Welt steht uns Duftsehern offen. Ich erwarte nicht, dass du das begreifst.«

Klasse, ich hatte wirklich einen Wahnsinnigen vor mir.

»Ich hoffe immer noch inständig, dass Sie sich nur den Kopf angestoßen haben und es eine Erklärung für den Schwachsinn gibt, den Sie da verzapfen. Sind Sie als Kind vielleicht mal von der Wickelkommode gefallen?«, fragte ich zynisch.

Jacques Dubois lachte amüsiert. »Du hast ja sogar Humor, hätte ich dir gar nicht zugetraut. Aber leider verstehst du nicht, worum es hier wirklich geht.«

»Was gibt es da zu verstehen?«, fauchte ich, meine Stimme wurde lauter. »Sie haben den Präsidenten vergiftet, um sich selbst ins Rampenlicht zu rücken, da sie es nicht mehr ertragen haben, im Schatten von Pierre Dupont zu stehen!«

Die Miene des Premierministers verhärtete sich. »Dieser Mann ist nicht in der Lage, ein Land zu führen. Die Aufgabe ist eine Nummer zu groß für ihn. Er hat ein viel zu weiches Herz. Hast du noch nie von dem Spruch gehört: *Gouverner, c'est prévoir*? Regieren heißt Voraussehen? Und wenn der Präsident nicht richtig sehen kann, weil er seine Gabe verschwendet, dann sollte er nicht an der Spitze Frankreichs stehen!«

»Welche Charaktereigenschaften sollte man Ihrer Meinung nach denn mitbringen, um Präsident zu werden? Größenwahnsinn und eine ordentliche Portion Überheblichkeit?«, rief ich aufgebracht.

Jacques Dubois lachte erneut.

»Vorsicht, junges Fräulein. Nicht dass du noch mit Komplimenten um dich wirfst.«

»Sie waren es auch, der die Drohbriefe gegen Louis verfasst und Informationen an die Presse gegeben hat, habe ich recht?«

Der Premierminister reagierte nicht, doch sein Grinsen war Antwort genug.

»Sie sind echt das Letzte!«, spuckte ich hervor. »Und dann haben Sie auch noch versucht, mir das Ganze in die Schuhe zu schieben!«

Er zuckte mit den Schultern. »Du warst Mittel zum Zweck. Nimm's nicht persönlich.«

Nicht persönlich nehmen? Das Blut in meinen Adern begann vor lauter Wut zu brodeln.

»Der Zirkel wird dagegen vorgehen, wenn er von Ihrem Vergehen erfährt!«

»Pfff.« Jacques Dubois schnaubte verächtlich. »Der Chocolatiers-Zirkel ist ein Geheimbund aus alten, starrsinnigen Säcken, die noch nicht verstanden haben, dass man mit der Zeit gehen muss.«

»Ach, und mit der Zeit zu gehen, bedeutet für Sie, Frankreich in eine Diktatur zu verwandeln?«, fragte ich bissig und konnte nicht glauben, was der Mann vor mir von sich gab. War das sein voller Ernst?

Ich hätte platzen können.

»Nein, es bedeutet, dass man sich seine Magie zunutze macht und sie nicht einfach verrotten lässt, bis sie sich eines Tages komplett zurückbildet. Diese Gabe ist ein Geschenk. Wir können Dinge vorhersehen, die niemand sonst sieht. Es macht uns zur Elite Frankreichs. Damit können wir die ganze Welt regieren.«

»Elite Frankreichs?« Ich stieß ein hysterisches Lachen aus. »Sie gehören vielleicht zum größten Abschaum von Frankreich, aber ganz sicher nicht zur Elite!«

»Deine Meinung über mich ist mir völlig egal, liebe Mila. Aber ich gebe dir einen guten Rat: Lege dich nie mit einem Meister des Duftsehens an. Und bevor ich gleich ziemlich ungemütlich werde, gib mir endlich den verdammten Ring!«, verlangte er.

»Ich denke gar nicht daran!«

In dieser Sekunde öffnete sich die Tür, und vor uns stand niemand Geringeres als Madame Pompidou.

Mit ihr hatte ich überhaupt nicht gerechnet. Was machte sie hier um diese Uhrzeit? Aber klar, Jacques Dubois hatte sie höchstwahrscheinlich eingeweiht. Warum hatten wir das nicht bedacht?

Sie sah anders aus, da sie nicht ihre übliche Köchinnenkleidung trug. Das feuerrote Haar fiel ihr in leichten Wellen über die Schultern und biss sich farblich mit ihrem quietschbunten Kleid.

Sie stieß ein tiefes Seufzen aus. »Hallo, Mila«, sagte sie, bevor sie den Premierminister anschaute.

»Muss man denn wirklich alles allein machen, Jacques? Jetzt lässt du dir schon von einem vierzehnjährigen Mädchen auf der Nase herumtanzen?«

W-was?

»Ich hätte das hier schon ohne deine Hilfe hinbekommen«, zischte Jacques Dubois verärgert, woraufhin Madame Pompidou gehässig die Mundwinkel verzog.

»Ja, das sehe ich. Du kommst ganz hervorragend ohne mich klar. Wie konntest du auch nur so dumm sein und dir den Ring stehlen lassen? Typischer Anfängerfehler …«

Sie ignorierte den Premierminister und betrachtete stattdessen mich eindringlich. Entschlossene Härte spiegelte sich in ihrem kriegsbemalten Gesicht.

»Mila, es tut mir leid, dass es so enden muss. Das Ganze hat nichts mit dir zu tun. Und nun händige uns den Ring aus.«

»Wie ... wie können Sie nur?«, stammelte ich. »Ich habe Ihnen vertraut, dabei haben Sie uns die ganze Zeit nach Strich und Faden hintergangen! Wie konnten Sie bloß bei den miesen Plänen des Premierministers mitmachen?«

Madame Pompidou runzelte die Stirn. »Ich glaube, du unterschätzt mich, meine Liebe. Es hat durchaus seinen Vorteil, wenn man von anderen nur als niedere Küchenmagd des Präsidenten wahrgenommen wird, die noch dazu so bunt und harmlos wie ein Teletubby aussieht. Genau genommen bin ich diejenige, die den Plan hatte, den Präsidenten auszuschalten. Und die Ampulle, die in deinem Zimmer gefunden wurde ... nun ja, die geht auch auf mein Konto. Manchmal muss man etwas opfern, um große Taten zu vollbringen.«

»Aber ... wieso tun Sie das?« Verzweiflung schlich sich in meine Stimme.

»Hast du allen Ernstes geglaubt, es wäre mein Lebensglück, einen Präsidenten zu bekochen? Während mal wieder ein Mann an der Spitze der Regierung steht? Es wird ein neues Zeitalter anbrechen.«

Die Frau war irre, absolut irre! Mir kam der Gedanke, dass Jacques Dubois doch nicht die schlimmste Person im Palast war ...

»Sie werden für Ihre Taten bezahlen!«, prophezeite ich und fragte mich, wie ich Madame Pompidou jemals hatte leiden können.

Die Köchin lächelte süßlich. »Wie dumm nur, dass ihr keinerlei Beweise habt.«

»Da wäre ich mir nicht so sicher!«, ertönte plötzlich eine Stimme aus der Speisekammer, und kurz darauf standen Liz und Louis mit ihren Handys in der Hand in der Küche.

»Wir haben alles auf Video«, sagte Louis. »Ihre Posten als Premierminister und Köchin können Sie sich beide an die Backe schmieren. An Ihrer Stelle würde ich mich geschlagen geben.«

»Genau, Sie kommen hier nicht raus!«, fügte Liz hinzu.

Sie stellte sich hinter Louis, während Cem mittlerweile von der anderen Seite gekommen war und den Eingang versperrte, sodass Jacques Dubois und Madame Pompidou eingekesselt waren.

Cem wackelte nun ebenfalls mit seinem Handy in der Hand. »Die Sicherheitskräfte sind bereits alarmiert.«

Ein überhebliches Lächeln breitete sich auf Madame Pompidous Gesicht aus. »Tja, dann kennt ihr ganz offensichtlich noch nicht die Waffen einer Gourmetköchin, die seit Jahren nur damit beschäftigt war, unsichtbar zu bleiben.«

Blitzschnell und völlig unvorhergesehen steckte sie ihre Hand in eine offene Tüte Mehl und schleuderte das weiße Pulver in unsere Richtung. Sogleich kniff ich die Augen zusammen, die wie Feuer brannten und tränten.

Im nächsten Moment riss mir jemand gewaltsam den Kakaobohnenring aus der Hand. Ich hörte ein lautes Poltern, und als ich es endlich schaffte, meine Lider wieder zu öffnen, lag Cem mit schmerzverzerrtem Gesicht am Boden.

Jacques Dubois und Madame Pompidou hatten mittlerweile die Gunst der Stunde genutzt und die Flucht ergriffen.

Ich sah noch, wie Louis versuchte, den Premierminister am Arm zu fassen. Jacques Dubois stieß Louis unsanft zur Seite, sodass dieser gegen den Küchentresen knallte und sich dabei den Kopf aufschlug.

»O nein, Lou!«, rief ich bestürzt und kniete mich neben ihn, während Liz sich bereits Cem zugewandt hatte.

»Wir werden uns wiedersehen, das verspreche ich«, hallten die letzten Worte von Jacques Dubois wie eine Drohung in der Küche nach.

Duftdiarium-Eintrag von Samstag, den 26. Juli

liebes Duftdiarium,
es tut mir leid, dass ich dich in den letzten Tagen etwas vernachlässigt habe. Es ist so viel passiert, ich weiß gar nicht, wo ich anfangen soll ...

Beginnen wir einfach mit der schlechten Nachricht: Jacques Dubois und Madame Pompidou sind über alle Berge. Niemand weiß, wo sie sich aufhalten und ob sie schon ihre nächste krumme Kakao-Mafiosi-Tour planen. Um ehrlich zu sein, bereitet mir das große Sorgen.

Das Ätzende an der ganzen Sache ist, dass wir nicht einmal die Polizei einweihen können. Was hätten wir denen auch erzählen sollen?

Entschuldigung, es läuft ein böser Duftseher durch die Gegend, der ein bisschen zu viel Kakao geschnüffelt hat? Nebenbei erwähnt ist dieser auch noch zufällig der Premierminister und zusammen mit der schrillen Köchin des Präsidenten versucht er, die Macht über Frankreich an sich zu reißen? Bitte geben Sie eine Fahndung raus?

Leider wurde Cem, Louis, Liz und mir auch erst anschließend bewusst, dass unser Beweismaterial und die Aufnahmen des Premierministers gelinde gesagt für die Katz waren, denn sollte das Video, in dem Jacques Dubois sein Geständnis ablegt, an die Öffentlichkeit gelangen, würde auch die Existenz der Duftseher verraten werden. Und das darf auf gar keinen Fall passieren. Ich glaube, Jacques Dubois weiß, dass wir so gesehen rein gar nichts gegen ihn in der Hand haben.

Aber nun zu den guten Nachrichten:

Der Präsident ist wohlauf! Das giftige Zeug, das Jacques Dubois und Madame Pompidou ihm über Wochen hinweg verabreicht haben, hat endlich seine Wirkung verloren und seit ein paar Tagen ist er wieder ganz der Alte. Selbst sein Geruchs- und Geschmackssinn kehren langsam zurück. Das bedeutet, dass der Präsident zugunsten Frankreichs nun endlich wieder seine Gabe als Duftseher einsetzen kann!

Als er erfuhr, was Jacques Dubois insgeheim geplant hatte, konnte er kaum glauben, dass Cem, Lou, Liz und ich uns ihm gemeinsam entgegengestellt haben. Und er war mächtig stolz auf uns!

Zudem stellte sich heraus, dass der Präsident keine Ahnung gehabt hatte, dass ich die Enkelin von Leni Kornblum bin. Seine Verblüffung darüber war groß, doch er nahm die Angelegenheit mit Humor und sagte, dass er für den nächsten Schüleraustausch anscheinend zuverlässigere Quellen benötigte, die ihm Auskünfte erteilten. Wer hätte gedacht, dass ein solcher Zufall uns Duftseher einmal zusammenführen würde?

Vor der Presse ist durch die Pressesprecherin des Élysée-Palastes verkündet worden, dass der Premierminister überraschend seinen Rücktritt angekündigt hat, der Präsident aber bereits einen neuen Anwärter in Betracht zieht. Ebenso gab es bereits Vorstellungsgespräche für den frei gewordenen Posten in der Küche.

Frankreich ist mehr als erleichtert darüber, dass der Präsident auf dem Weg der Besserung ist.

Tja, und nun zu mir: Ich konnte vorhersehen, was Jacques Dubois Finsteres plante. Das ist ein großer Fortschritt gegenüber tief fliegenden Tauben.

Ich glaube, das war auch nur möglich, weil ich zum ersten Mal an mich geglaubt habe und weil ich tolle Freunde habe, die ebenfalls an mich glauben.

Und das ist ein verdammt schönes Gefühl.

Ich denke, ich bin auf einem guten Weg. Womöglich bin ich nun bereit, mich meiner Gabe zu stellen. Und wer weiß, vielleicht werde ich irgendwann wirklich imstande sein, Außergewöhnliches mit meiner »Schokomagie« zu leisten?

Mittlerweile kann ich auch verstehen, warum Oma mich nicht eher in die ganze Sache eingeweiht hat. Das Duftsehen ist gefährlich. Jacques Dubois ist das beste Beispiel dafür. Er hatte vor, seine Macht und sein Wissen zu missbrauchen.

Ich schwöre, das Geheimnis der Duftseher zu wahren und zu beschützen. Das bin ich auch meiner Oma schuldig. Ich möchte, dass sie stolz auf mich sein kann.

Oma, wenn du gerade von dort oben zu mir heruntersiehst: Danke für alles.

Und was das Obergenialste überhaupt ist: Ich bin jetzt ein vollwertiges Mitglied des Chocolatiers-Zirkels. Ich habe sogar eine richtig förmliche Einladung bekommen, mit goldenen Schnörkeln und allem Pipapo. Ist das zu glauben?

Bald werde ich noch weitere Duftseher kennenlernen!

Gaston Dupont hat mir sogar versprochen, mich höchstpersönlich unter seine Fittiche zu nehmen und mich in die Künste des Duftsehens einzuweisen. Ich bin schon sooo aufgeregt!

Ich, Mila Kornblum, bin nun eine offizielle Duftseherin! Und ich sage dem Kakao den Kampf an!

PS: So, ich muss mich jetzt schnell für den Sommerball der Saint-Clément fertig machen. Hoffentlich tanzt man da keinen Walzer. Kakao beschwören geht ja noch, aber tanzen?? Ich hab zwei linke Füße und bin in der Hinsicht in etwa so begabt wie ein Elefant im Porzellanladen. Dabei möchte ich Louis ungern auf die Füße trampeln ...

KAPITEL 30

Kakao mit Kuss

Die letzten Tage im Palast vergingen wie im Flug und schließlich stand der jährliche Sommerball der Saint-Clément vor der Tür, der bereits Monate im Voraus geplant wurde (so etwas Schräges konnte es auch nur an einer Privatschule in Paris geben – oder in einem Highschool-Teenie-Film in Amerika). Ophelia, die Mitglied des Ballkomitees war (wie hätte es auch anders sein sollen!), hatte sich gemeinsam mit den anderen Mitgliedern für das Motto »Ein Sommermärchen in Paris« entschieden. Eigentlich eine schöne Idee – wenn sie nicht ausgerechnet von Ophelia gekommen wäre.

Obwohl der Ball normalerweise in der großen Aula der Saint-Clément stattfand, hatte sich der Präsident großzügig dazu bereit erklärt, den diesjährigen Sommerball in den Räumlichkeiten des Élysée-Palastes auszurichten. Von seinen Beratern und Sicherheitskräften gab es daraufhin einige Proteste und Bedenken, doch Pierre Dupont ließ sich von seinem wahnwitzigen Vorhaben nicht abbringen.

Allerdings waren die Sicherheitsvorkehrungen und die Anzahl der Wachleute im Palast verdoppelt worden.

Mit vor Nervosität feuchten Händen stand ich vor dem Spiegel in meinem Zimmer und musterte mein fremdes Ich in dem bodenlangen, türkisfarbenen Kleid, das Liz in mehreren Nacht-schichten eigenhändig für mich genäht hatte. Und zwar mit der Nähmaschine von Ophelias Oma. Wer hätte das gedacht?

Behutsam strich ich über den samtenen Stoff, der leise unter meinen Händen raschelte.

Ich erkannte mich kaum wieder. Ich sah so anders aus. Ehr-lich gesagt wusste ich auch nicht, wann ich das letzte Mal ein Kleid getragen hatte. Wahrscheinlich als kleines Mädchen, im Garten meiner Oma.

Nachdenklich drehte ich mich im Spiegel und betrachtete mich von allen Seiten. Das dunkelbraune Haar fiel mir heute of-fen und in leichten Wellen über die Schultern und meine grün-braunen Augen leuchteten heller als sonst. Obwohl ich mich in einem schlichten Shirt und einer Jeans normalerweise weitaus wohler fühlte, war das Kleid wirklich atemberaubend schön.

»Du siehst umwerfend aus, mein Schatz«, schniefte mei-ne Mutter ergriffen, mit der ich gerade einen Video-Call über Skype hatte.

Ich hatte mich während meiner Zeit hier viel zu selten bei ihr gemeldet. Doch ich war auch heilfroh, dass sie mehrere Hun-dert Kilometer entfernt war und nichts von dem ganzen Chaos mitbekommen hatte. So cool Ma auch war: Hätte sie erfahren, dass hier bis vor wenigen Tagen noch ein verrückt gewordener Premierminister und eine hinterhältige Köchin ihr Unwesen getrieben hatten, dann wäre sie postwendend nach Paris geeilt. Zur Not auch zu Fuß, mit dem Fahrrad oder auf einem fliegen-den Teppich. In der Hinsicht wurde Ma dann zu einem regel-rechten Terrier und entwickelte Kräfte, die jeden Superhelden vor Neid erblassen lassen würden.

»Mein kleines Mädchen wird erwachsen.«

»Keine Sorge, Ma, dein kleines Mädchen bleibt dir noch

ein bisschen erhalten«, sagte ich mit einem Grinsen, hob den Saum meines Kleids an und deutete auf meine verschiedenfarbigen Sneakers. Der eine leuchtete in einem strahlenden Gelb, während der andere knallorange war. Beide waren mit Schönschrift und etlichen Stickern verziert – alles andere als eines Präsidentenpalasts und eines pompösen Balls würdig. Aber mir gefiel's.

Meine Mutter lachte schallend los, als sie das farbige Kunstwerk betrachtete. »Exzellente Schuhwahl. Lass dir aus eigener Erfahrung sagen, dass Pumps und hochhackige Schuhe die Pest sind.«

Ich grinste noch eine Spur breiter. Tja, unter dem schweren Stoff meines langen Kleids würde sicherlich niemand meine Sneakers bemerken. Hoffte ich zumindest.

»Sag bloß, du hast dich echt für deine ausgelatschten Treter entschieden?«, vernahm ich Liz' spöttische Stimme in meinem Rücken. Ich drehte mich um und sah, wie sie aus dem angrenzenden Bad herauskam (mit schwarzen Nietenboots wohlgemerkt!).

Sie erinnerte mich in ihrem kurzen, schwarzen Kleid an eine junge, rockige Kelly Clarkson. Mit blauen Haaren.

»Du siehst toll aus, Liz«, sagte ich.

Sie stellte sich neben mich, winkte Ma zu und stupste mich leicht an. »Kann ich nur zurückgeben. Ophelia wird platzen vor Neid«, kicherte Liz und grinste teuflisch. »Oh, und warte erst Louis' Reaktion ab. Ich wette, dem fallen glatt die Augen aus dem Kopf!«

Ich sah Liz streng an, während meine Mutter auf dem Display in etwa so strahlte wie ein Breitmaulfrosch.

»Ach, was gäbe ich dafür, noch mal vierzehn zu sein«, seufzte sie, woraufhin ich die Augen verdrehte.

Es klopfte an der Tür, und mein Herz schlug einen aufgeregten Purzelbaum.

»Ist er das etwa?« Die Stimme meiner Mutter klang ungewöhnlich schrill und quietschig in meinen Ohren.

»Ma, bitte hör auf, dich so aufzuführen, als würden gleich die Backstreet Boys vor dir stehen. Du bist nämlich keine vierzehn mehr«, flehte ich sie an.

»Man ist immer nur so alt, wie man sich fühlt«, drang es etwas beleidigt aus dem Handy.

»Bereit?«, fragte Liz, die schon die Klinke in der Hand hielt.

»Bereit«, wisperte ich, obwohl ich am liebsten Reißaus genommen hätte, so nervös war ich.

Liz riss die Tür derart schwungvoll auf, dass nicht viel gefehlt hätte und Louis beinahe wie zur Salzsäule erstarrt in den Raum gekippt wäre.

»Na hoppla«, sagte Liz bloß und wich zur Seite.

Louis konnte sich gerade noch so im Türrahmen abstützen und ich bildete mir ein, dass sich ein leicht rötlicher Schimmer auf seine Wangen legte. Während er bemüht war, sich wieder zu fangen, ließ ich meinen Blick über Louis gleiten.

Zur Feier des Tages trug er ein weißes Hemd mit einem schwarzen Smoking darüber. Auch er sah heute anders aus. So erwachsen. Das Einzige, das immer noch wirkte, als wäre ein Wirbelsturm hindurchgefegt, waren seine wunderbar zerzausten, blonden Haare.

Mein Herz klopfte mit einem Mal schneller. Als sein Blick schließlich an mir hängen blieb, fühlte es sich kurz so an, als würde die Zeit stehen bleiben. Als würde es nur uns beide geben.

Bis …

»Hallo, Louis! Ich bin Cornelia, die Mutter von Mila«, brabbelte es auf einmal aus meinem Handy, und erst jetzt fiel mir ein, dass Ma noch immer alles live und in Farbe miterleben konnte. Auch Louis. Wie peinlich. Noch dazu winkte Ma so bekloppt, als würde sie die Weltmeisterschaft im Armeverrenken gewinnen wollen.

Louis erwachte aus seiner Starre. »Äh, hallo, Frau Kornblum. Schön, Sie kennenzulernen.« Etwas unbeholfen hob er seine Hand in Richtung Kamera.

»Ach bitte, nenn mich doch Conni.«

Okay, es ging noch peinlicher. Bevor Ma Louis gleich mitteilte, dass er praktisch schon zur Familie gehörte, brach ich das Ganze hier am besten schnell ab.

»Ma, wir müssen dann auch los. Liebe Grüße an Tante Claudi.«

»Oh, Tante Claudi ist nicht hier«, erwiderte Ma. »Die hat sich spontan zu einem Schamanenkurs in Mexiko entschlossen.«

Ähm, ja …

Wenn überhaupt möglich, wurde Louis' Gesichtsausdruck nun noch ein bisschen verwirrter. Ob jetzt wohl der richtige Zeitpunkt war, ihm zu sagen, dass die Familie Kornblum leicht einen an der Klatsche hatte? Besser nicht.

Nach einigem Hin und Her gelang es mir endlich, Ma abzuwimmeln. Mit heißen Wangen stopfte ich mein Handy in eine kleine Tasche, die ich mir über die Schulter hängte.

»Sorry. Mütter«, nuschelte ich.

Louis grinste verschmitzt. »Deine Mutter ist sehr nett.«

Davon mal abgesehen, dass Ma manchmal wirklich peinlich sein konnte, hatte ich tatsächlich keinen Grund, mich zu beklagen. Genau genommen war sie sogar echt cool.

Er musterte mich ausgiebig von oben bis unten. Ein Lächeln umspielte seine Lippen.

»Du siehst toll aus.«

Bevor ich antworten konnte, hatte Liz bereits das Wort ergriffen. »Natürlich sieht sie toll aus. Schließlich habe ich das Kleid genäht.«

Louis grinste. »Du siehst natürlich auch gut aus, Liz.«

Liz wuchs förmlich um zehn Zentimeter in die Höhe. Sie strich sich eine blaue Haarsträhne hinters Ohr. »Ich sag's euch, irgendwann bin ich eine angesagte Designerin in Paris und kleide die Promis ein.«

»Daran zweifelt auch niemand«, sagte ich ernst. Ich war sogar felsenfest davon überzeugt, dass Liz es mit ihrer unschlagbaren Kreativität und ihrem schlauen Köpfchen weit bringen würde.

Louis hielt mir seinen Arm hin. »Wollen wir?«

Ich nickte und hakte mich bei ihm unter, wobei mir ein angenehmer Schauer über den Rücken lief.

Fragend blickte er Liz an. »Und wo bleibt dein Begleiter?«

»Wieso Begleiter?« Liz hob verständnislos ihre Augenbrauen. »Wir leben im einundzwanzigsten Jahrhundert, mein Lieber. Und bevor ich mit einem von den pubertierenden Affen da unten zum Ball gehen würde, wäre mir selbst ein Kaktus lieber. Selbst ist die Frau!«

Das war mal eine Ansage.

Mit diesen Worten und hocherhobenen Hauptes schritt Liz wie die Queen höchstpersönlich aus dem Zimmer, doch im selben Moment schnitt Cem – ebenfalls im schicken Smoking – ihr den Weg ab und hielt ihr galant den Arm entgegen.

Zunächst sträubte Liz sich noch, dann ließ sie sich aber von Cem die mit rotem Teppich ausgelegte Treppe hinabführen.

Der Bodyguard zwinkerte uns schelmisch zu und warf mir im Hinuntergehen einen anerkennenden Blick zu.

Louis und ich sahen einander grinsend an, bevor wir gemeinsam die Treppe hinabschritten.

Ich entdeckte Ophelia am unteren Absatz. Ihr vor Wut rot an-

gelaufenes Gesicht stand in deutlichem Kontrast zu dem gift-
grünen Meerjungenfrauenkleid, das sich eng um ihre schmale
Taille legte und ihre Kurven perfekt betonte.

Als auch noch ein pickelgesichtiger Junge auftauchte und
Ophelia zum Tanz aufforderte, rauschte diese wutentbrannt
und unter dem Gefolge ihrer Hofdamen ab.

Liz drehte sich zu mir um und wirkte beinahe schadenfroh.

Doch als wir vier den großen Ballsaal, der als »Salon Murat«
bezeichnet wurde, erreicht hatten, musste ich Ophelia zugestehen, dass sie mit der Organisation des Balls richtig gute Arbeit
geleistet hatte.

Zwischen den mächtigen Kristallleuchtern, die von der pompös verzierten Decke herabhingen, waren leuchtende Sterne
angebracht, sodass es sich so anfühlte, als würde man in einer
lauen Sommernacht unter einem sternenverzierten Himmel
stehen. Es hatte etwas Magisches an sich.

Ich erspähte sogar eine riesige Torte in Form des Eiffelturms
und musste prompt an Monsieur Cadault aus der schnuckeligen Chocolaterie denken. Ob es ihm eines Tages wirklich ge-
lingen würde, den Eiffelturm aus reinster Schokolade nachzu-
bauen? Ich wünschte mir für ihn, dass sein Traum in Erfüllung
ging.

Leise drang Musik an meine Ohren. Mir fielen ein paar Sicherheitskräfte auf, die mit Headsets und ernsten Mienen am
Rand des Geschehens standen, doch sobald sie sich sicher waren, dass niemand zusah, wippten sie unauffällig mit den Füßen
zum Takt der Musik.

Ich musste kichern.

Nachdem der Präsident eine kurze Ansprache gehalten und
den Ball offiziell für eröffnet erklärt hatte, stürmte Liz zu dem
einladenden Büfett und stopfte sich ein kleines Törtchen in den

Mund. Als sie sich unbeobachtet fühlte, schmuggelte sie heimlich noch eins der Törtchen in ihre Umhängetasche.

Dieses verfutterte Eichhörnchen!

Madame Delacroix schoss in einem schwarzen, mit Federn besetzten Fummel auf mich zu, der dem Spitznamen »Krähe« durchaus gerecht wurde. Madame hatte schon immer einen äußerst interessanten Kleidungsstil gehabt. Passend dazu trug sie einen gigantischen Federhut und nippte an einer Flüssigkeit, die verdächtig nach Wein aussah.

»Oh, Mila, du siehst bezaubernd aus. Ganz faaabelhaft«, lobte Madame Delacroix, wobei ihr die Feder ihres Huts immer wieder im Gesicht und vor den Lippen herumbaumelte, sodass zwischendurch immer nur ein »Pfffffft« zu hören war. Doch alles Pusten und Prusten wollte nichts bringen. Schließlich gab sie entnervt auf und wünschte uns noch einen schönen Abend.

»Darf ich bitten?« Louis deutete eine vornehme Verbeugung an.

Ich nahm seine Hand und ließ mich von ihm führen. An seiner Seite fühlte es sich so an, als würde ich geradewegs über die Tanzfläche schweben.

»Verrätst du mir jetzt, was du dir damals gewünscht hast? Bei unserem Ausflug zum Eiffelturm?«, fragte Louis neugierig und ein Funkeln trat in seine Augen.

Ich schmunzelte. »Ich habe mir gewünscht, dass das hier der beste Schüleraustausch aller Zeiten wird.«

»Und, wurden deine Erwartungen erfüllt?«

»Das werde ich dir bald verraten. Denn glücklicherweise ist der Austausch noch nicht vorbei ...« Ich lächelte geheimnisvoll.

Louis wirbelte mich einmal elegant herum und lächelte ebenfalls.

Vom Büfett her drang der Geruch des Schokoladenbrunnens zu mir herüber und der Duft von Kakao stieg mir in die Nase. Und plötzlich wusste ich es, denn ich sah es genau vor mir. Das hier war erst der Anfang. Der Anfang von etwas Wunderbarem. Wir würden bereit sein für unser nächstes Abenteuer. Und wir würden bereit sein, wenn Jacques Dubois und Madame Pompidou einen Weg fanden zurückzukommen. Der Zirkel würde sich gegen sie stellen.

Doch bis dahin wollte ich diesen Abend mit Lou genießen und mich wie ein ganz normales Mädchen fühlen, das mit einem wundervollen Jungen tanzte.

Mein Blick wanderte hoch zu den unter der Decke funkelnden Sternen.

»Woran denkst du?«, fragte Lou.

»An das, was uns noch erwartet …«, antwortete ich leise.

Lou hielt inne und blieb stehen, während die anderen um uns herum weitertanzten. »Um ehrlich zu sein, möchte ich jetzt nicht daran denken, was morgen sein könnte. Ich möchte einfach nur hier sein. Mit dir.«

Mein Herzschlag beschleunigte sich.

Er machte einen Schritt auf mich zu und ich zog unwillkürlich den Saum meines Kleides hoch, da ich Sorge hatte, dass Lou darauf treten könnte. Er lachte amüsiert auf, als meine bunten Sneakers darunter hervorblitzten.

Er schüttelte den Kopf und seine Mundwinkel zuckten. »Mila Kornblum«, sagte er, und allein die Art und Weise, wie er meinen Namen aussprach, jagte eine Gänsehaut über meine Haut.

»Weißt du eigentlich, dass ich das vollkommen ernst gemeint habe, dass ich noch nie ein Mädchen wie dich getroffen habe?«

Ich hatte das Gefühl, gleich in Ohnmacht zu fallen. Doch es gab da noch etwas, das ich unbedingt wissen musste.

»Denkst du das auch über Ophelia?«

»Ophelia? Sie ist nur eine Mitschülerin. Eine Freundin. Nicht mehr und nicht weniger.«

»Und ich? Bin ich für dich auch nur … eine Freundin?«

Mittlerweile wagte ich es kaum noch, Louis in die Augen zu blicken. Doch ich musste die Wahrheit erfahren, so schmerzhaft sie auch sein mochte.

Lou hob mit seinem Zeigefinger ganz sachte mein Kinn an.

»Mila, du warst nie *nur* eine Freundin für mich. Du bist so viel mehr als das«, sagte er mit samtiger Stimme.

Dann beugte er sich zu mir herunter und küsste mich.

Und es war noch viel besser als die Bilder, die ich im Kakaonebel gesehen hatte. Ich schloss meine Augen, weil sich die Welt um mich drehte und mir ein bisschen schwindelig wurde.

Wer hätte gedacht, dass mir der Kakao mal mein Glück weisen würde?

Kakao mit Kuss sozusagen …

MAGISCHE REZEPTE MIT SCHOKOLADE

Glasklare Glücksschokolade von Oma Leni (1 Portion):

- 200 ml Milch
- 1 EL Kakaopulver
- ½ Päckchen Vanillezucker
- ½ TL Zimt
- Schlagsahne
- Schokoladenraspel

Zubereitung:

Milch in einem Topf erwärmen.

Kakaopulver, Vanillezucker und Zimt unterrühren und mit dem Schneebesen so lange verquirlen, bis die Milch zu kochen beginnt.

Die heiße Trinkschokolade in eine Tasse gießen und nach Belieben mit Schlagsahne und Schokoladenstreuseln verzieren. Genießen!

PS: Die Magie der Glasklaren Glücksschokolade kann nur wirken, wenn du wirklich daran glaubst! Falls es dennoch nicht klappt und du keine Zukunftsvisionen haben solltest: Glücklich macht die Schokolade trotzdem!

Zukunftsweisende Zimtmuffins (12 Portionen):

- 250 g Mehl
- 2½ TL Backpulver
- ½ TL Natron
- ¾ TL Zimt
- 100 g Schokotröpfchen
- 1 Ei
- 125 g Zucker
- 1 Päckchen Vanillezucker
- 80 ml Pflanzenöl
- 250 g Vollmilchjoghurt

Zubereitung:

Den Backofen auf 180 Grad (Umluft 160 Grad) vorheizen.
Mehl, Backpulver, Natron, Zimt und Schokotröpfchen vermischen.
Separat das Ei zusammen mit Zucker und Vanillezucker schaumig schlagen. Öl und Joghurt hinzugeben und alles vermengen.
Anschließend die Mehlmischung unterrühren.
Den Teig in Muffinförmchen füllen.
Die Muffins in 20–25 Minuten auf der mittleren Schiene backen, bis sie goldbraun werden.
5 Minuten im Ofen ruhen lassen, herausnehmen und abkühlen lassen.

Hellsehende Haselnusskugeln:

- 75 g Butter
- 75 g Puderzucker (gesiebt)
- 1 Päckchen Vanillezucker
- 200 g Zartbitterschokolade
- 100 g gemahlene, leicht geröstete Haselnusskerne

Zubereitung:

Die Butter schaumig rühren, anschließend Puderzucker und Vanillezucker hinzugeben.
Die Schokolade im Wasserbad schmelzen und unter die Butter-Zucker-Masse rühren.
Die Hälfte der Haselnusskerne dazugeben.
Die Masse kurz (!) in den Kühlschrank stellen.
Kleine Kugeln aus der Masse formen und in den restlichen Haselnusskernen wälzen.
Die Hellsehenden Haselnusskugeln in Pralinenförmchen geben und kühl aufbewahren.

Quacksalbernde Quarklis:

- 300 g Mehl
- 1 ½ TL Backpulver
- 1 Prise Salz
- 50 g Zucker
- 1 Ei
- 250 g Magerquark
- 40 ml Pflanzenöl
- 2 EL Milch
- 100 g Zartbitterschokolade
- 1 Eigelb
- 1 EL Milch

Zubereitung:

Backofen auf 180°C Ober-/ Unterhitze vorheizen.
Mehl, Backpulver, Salz und Zucker vermengen.
Ei, Quark, Öl und Milch hinzufügen. Alles verkneten.
Schokolade unter den Teig heben.
Teig zu acht Brötchen formen und auf dem Backblech verteilen.
Eigelb mit Milch verquirlen und Brötchen damit bestreichen.
Brötchen im vorgeheizten Ofen 15-20 Minuten goldbraun backen.

Magische Rezepte mit Schokolade von A–Z:

Astrologische Apfel-Schoko-Torte
Besserwisserische Brownies
Charakteristische Cranberryschokolade
Deutende Dattel-Schoko-Creme
Erleuchtende Erdbeercrispies
Fantasierende Feigenmousse
Glasklare Glücksschokolade
Hellsehende Haselnusskugeln
Interpretierende Ingwerschnitten
Jahrhundertelange Joghurttrüffel
Kryptische Karamellbonbons
Lichte Limettenschnitten
Magisches Marzipan
Neunmalkluger Nugat
Orakeliger Orangenkakao
Prophezeiende Pfefferminzpralinen
Quacksalbernde Quarklis
Rätselhafte Rumtrüffel
Spekulierender Spekulatius
Trickreiche Trinkschokolade
Unglaubliches Überraschungsschokoei
Vorausschauende Vanilletrüffel
Weissagende Weiße Schokolade
Zukunftsweisende Zimtmuffins

DANKSAGUNG

Ich kann gar nicht in Worte fassen, wie viel Spaß ich hatte, in dieses schokoladige und magische Abenteuer einzutauchen. Die »Schokomagie« vereint so vieles, was ich selbst liebe: Schokolade, Freundschaft, Paris, die französische Sprache, ein bisschen Romantik ... (Und Magie darf natürlich auch nicht zu kurz kommen!)

Danke an meine Lektorin und arsEdition-Programmleiterin Katharina Braun, die von Anfang an Feuer und Flamme für Milas Geschichte war und alle anderen um sich herum mit ihrer Begeisterung angesteckt hat. Ich hätte mir keinen besseren Verlag für dieses Projekt wünschen können. Danke, Katharina, für deinen Glauben an mich, unsere unglaublich motivierenden Telefonate und deinen Humor!

Ebenso danken möchte ich dem restlichen Verlagsteam von arsEdition sowie Frauke Schneider für die Covergestaltung.

Danke auch an meine externe Lektorin Steffi Janek. Es hat riesigen Spaß gemacht, gemeinsam mit dir das Beste aus der »Schokomagie« herauszuholen.

Ein großer Dank gilt der Agentur Brauer, insbesondere meiner Agentin Christine Härle. Du hattest überhaupt erst die Idee, Milas Schüleraustausch noch eine Prise Magie hinzuzufügen, und was soll ich sagen – genau das hat der Geschichte noch gefehlt! Danke für dein immerzu offenes Ohr, deine herzliche Art und dein Vertrauen in mich. Ohne dich wäre ich nicht da, wo ich heute bin. Ich freue mich schon darauf, noch viele weitere Projekte mit dir auszuarbeiten.

Danke an meine beste Freundin Etta. Du bist meine persönliche Liz, und genau wie Liz Mila immer wieder einen liebevollen Schubs in die richtige Richtung gibt, bin ich dir dankbar dafür, dass du mir manchmal in den Hintern trittst, wenn ich zwischendurch den Glauben an mich verliere. Ich hab dich lieb.

Danke an meine Testleserinnen Annika, Leo und Corinna, die meine »Schokomagie« genauestens unter die Lupe genommen haben und mir eine große Hilfe waren.

Danke an meine Autorenkollegin und Testleserin Ebru Adin. Du warst quasi seit der ersten Stunde, in der das Projekt Form angenommen hat, dabei. Danke für deine zahlreichen kreativen Vorschläge, wenn ich mal wieder nicht weitergekommen bin.

Ebenso danken möchte ich meiner Kanzleikollegin, Freundin und Testleserin Yasmin. Danke, dass du mir immer ehrlich sagst, was du denkst (auch wenn ich im ersten Moment vielleicht schlucken muss). Ich liebe es, neue Buchideen mit dir auszuhecken.

Ein weiterer Dank gilt meiner Freundin und Autorenkollegin Maja Köllinger. Ich bin so froh, dass ich mit dir über alles reden kann.

Ein ganz besonders großes Danke geht an meine Familie, insbesondere an Mama, Papa und Jan. Ihr hört euch meine neuen Ideen immer als Erstes an. Ich weiß, dass die Begeisterung dann förmlich aus mir heraussprudelt und mein Elan nur schwer zu bremsen ist. Dass ihr nicht schon entnervt die Augen verdreht, wenn von mir der Satz »Ich hab da eine neue Idee ...« kommt und ich für die nächsten Stunden geistig abwesend bin, um einer neuen Geschichte hinterherzujagen, rechne ich euch hoch an. Danke, Mama, dass du meine »Schokomagie« auf Herz und Nieren geprüft hast. Es ist schön zu wissen, dass dich die Geschichte zum Schmunzeln bringt.

Und last but not least: Danke an meine wundervollen Leser! Danke, dass ihr zwischen all den tollen Geschichten da draußen ausgerechnet dieses Buch gewählt habt. Ihr lasst meinen Traum, dass ich mich »Autorin« nennen darf, wahr werden. Eure Unterstützung bedeutet mir viel und ich kann es nicht erwarten, euch in neue Abenteuer zu entführen. An Ideen mangelt es auf jeden Fall nicht ...

Bis ganz bald!
Eure Mareike

Andrehetta Petersmann

Mareike Allnoch wurde 1996 in Bad Pyrmont geboren. Seit sie denken kann, ist sie vernarrt in Bücher. Irgendwann reichte ihr das Abtauchen in fremde Lesewelten jedoch nicht mehr und sie begann, eigene Geschichten zu schreiben. Wahre Magie liegt für sie zwischen zwei Buchdeckeln. Wenn sie nicht gerade schreibt, liest oder einer neuen Romanidee hinterherjagt, plant sie ihre nächsten Reiseziele, an die sie irgendwann auch ihre Leser entführen kann. Sie liebt gutes Essen, Zeit mit Freunden und Familie und gemütliche Filmabende auf der Couch.

Letzte Seite? Neues Lesefutter:

Band 1

Band 2

Band 3

Du möchtest noch
mehr von uns
kennenlernen?

Schokomagie, Liebe und jede Menge Chaos

Mila kann ihr Glück kaum fassen: Sie hat eine Einladung
zu einer geheimen magischen Akademie im Elysée-Palast
in Paris bekommen! Sobald Mila Schokolade riecht, hat sie
Zukunftsvisionen. Aber es gibt viele andere magische
Fähigkeiten, die es zu entdecken gilt. Natürlich ist Milas
beste Freundin Liz mit von der Partie – und Milas Freund
Lou, der Sohn des französischen Präsidenten. Doch dann
verschwindet ein Mitschüler spurlos aus der Akademie. Auf
der Suche nach ihm stoßen die Freunde auf einen geheimen
Orden. Und so stolpert Mila in eine Verschwörung, die nicht
nur die Zukunft des Landes in größte Gefahr bringt …